Ella Kensington

Glücksgefühle bis zum Abwinken

Ella Kensington

Glücksgefühle bis zum Abwinken

Die zehn besten Methoden

Ella Kensington Verlag

Die Deutsche Bibliothek – CIP-Einheitsaufnahme
Ein Titeldatensatz für diese Publikation ist bei der Deutschen Bibliothek erhältlich.

Ella Kensington
Glücksgefühle bis zum Abwinken:
Die zehn besten Methoden

Zug: Ella Kensington Verlag, 2008

ISBN 978-3-905765-00-7

2. geänderte Auflage

Herstellung: NEUNPLUS1, Berlin

Printed in Germany

Die Schreibweise entspricht den Regeln der neuen Rechtschreibung.

Ella Kensington im Internet: **http://www.ella.org**

Über viele Jahre
unter großen Kosten
reiste ich durch viele Länder
sah die hohen Berge
die Ozeane

Nur was ich nicht sah
war der glitzernde Tautropfen
im Gras gleich vor meiner Tür

Rabindranath Tagore (Bengalischer Dichter)

Die zehn besten Methoden:

Eine Bemerkung vorab:

Das Schweizer Unternehmen Ella Kensington ist Inhaber des innovativen Glückstrainer®-Konzeptes. Mit einer dreiviertel Million verkaufter Bücher und bislang 30.000 Seminarteilnehmern ist die Ella Kensington AG der größte Anbieter von Glücksseminaren und Glückstrainings im deutschsprachigen Raum.
Aber keine Angst: Wir sind keine Sekte oder so etwas. Wir haben eher etwas mit Sekt als mit Sekte zu tun.

Ich wünsche dir genauso viele intensive Glücksmomente beim Lesen dieses Buches, wie ich sie beim Schreiben hatte.

1. Belohnungsgefühle

Gibt es Menschen in deinem Umfeld, die dich mögen? Ich bin sicher, die gibt es! Doch woran erkennst du eigentlich, dass sie dich mögen? Weißt du es nur, weil sie es dir gesagt haben, oder gibt es noch andere Hinweise darauf, dass du von ihnen gemocht wirst?

Denk bitte einmal an einen von diesen Menschen! Welche Hinweise gibt es dafür, dass dieser Mensch sich für dich interessiert? Schenkt er dir Aufmerksamkeit? Hört er zu, wenn du etwas sagst? Schaut er dich dabei an? Sucht er deine Nähe? Lässt er dich spüren, dass du für ihn wichtig bist? Bringt er dir Anerkennung oder Wertschätzung entgegen? Ist ihm deine Meinung wichtig? Versucht er, Zeit mit dir zu verbringen? Ist es ihm wichtig, dass es dir gut geht?

Was also tut dieser Mensch genau, woran du erkennen kannst, dass er sich für dich interessiert? Welche Hinweise darauf gibt er dir?

Es ist ein schönes Gefühl zu wissen, dass sich

jemand für einen interessiert, stimmt's? Dieses Gefühl ist ein Belohnungsgefühl aus deinem neurologischen Belohnungssystem. Wir Menschen verfügen nämlich über solch ein System. Wir verdanken ihm alle unsere guten Gefühle.

So auch die Gefühle, einbezogen zu werden oder dazuzugehören. Denk noch einmal an die Menschen, bei denen du spürst, dass sie dich mögen. Woran kannst du erkennen, dass sie dich dabeihaben wollen? Welche Hinweise liefern sie dir dafür? Warten sie zum Beispiel beim Spazierengehen auf dich, wenn du dir die Schnürsenkel binden musst? Beziehen sie dich mit ein, wenn sie etwas vorhaben? Drücken sie ihre Freude darüber aus, dass du dabei bist? Gehen sie Kompromisse ein, damit du dabei sein kannst oder willst? Beziehen sie dich in ihre Gedanken mit ein? Wollen sie deine Meinung hören?

Worin bestehen also die Kleinigkeiten, an denen du erkennen kannst, dass man dich dabeihaben will?

Wenn du diesen Kleinigkeiten Beachtung schenkst, wirst du jedes Mal mit glücklichen Gefühlen belohnt. Es lohnt sich also, das zu tun!

Genauso lohnt es sich, auf die Kleinigkeiten zu achten, an denen du erkennen kannst, dass man dir Zuneigung entgegenbringt.

Denk einmal an einen Menschen, der dir selbst sehr wichtig ist und der dir offensichtlich ebenfalls große Zuneigung entgegenbringt!

Woran kannst du erkennen, dass dieser Mensch dich besonders mag? Ist es die Art, wie er dich anschaut? Ist es die Art, wie er mit dir redet? Ist es, weil er deine körperliche und geistige Nähe sucht? Erkennst du es, weil er für dich da ist, wenn du ihn brauchst? Erkennst du es, weil er dir sagt, dass er dich sehr gerne mag?

Denk bitte einmal an die verschiedenen Hinweise, die dir bestätigen, dass dieser Mensch dich sehr mag! Diese Bestätigungen fühlen sich gut an, stimmt's?!

Genauso gut fühlt es sich an, wenn du an die Hinweise denkst, an denen du erkennen kannst, dass ein Mensch, der dich mag, auch gut zu dir passt. Weißt du, woran du das erkennst? Er hat zum Beispiel viele Gemeinsamkeiten mit dir.

Denk bitte noch einmal an den Menschen von eben! Passt er zu dir, weil ihr gemeinsame Interessen habt? Passt er, weil ihr ähnlich denkt und in vielem gleicher Meinung seid? Oder passt er, weil ihr euch charakterlich ähnlich seid?

Vielleicht hat er aber auch etwas, das du gut gebrauchen kannst und umgekehrt, und ihr ergänzt euch wunderbar. Er hat zum Beispiel viel Geld, und du gibst es gerne aus! Gibt es solche Ergänzungen? Denk bitte einmal kurz darüber nach! Warum passt ihr gut zusammen? Wo seid ihr euch ähnlich und wo ergänzt ihr euch?

Aber übertreibe es nicht mit dieser Übung, wenn du dich nicht in diesen Menschen verlieben willst! ☺

Auf genau diese Art und Weise funktioniert nämlich das Verlieben. Man schaut wiederholt auf das, was zusammenpasst oder sich ergänzt. Achte einmal darauf, wenn dir jemand erzählt, er habe sich verliebt.

Wenn du weißt, wie es funktioniert, kannst du

ständig verliebt sein. Du brauchst nur öfter mal auf Anzeichen zu achten, die dir bestätigen, dass der andere gut zu dir passt und dass du bei ihm erwünscht bist.

Ich für meinen Teil habe beschlossen, dass es mir wichtig ist, ewig verliebt zu bleiben und deshalb täglich auf alle Anzeichen zu achten, die mir bestätigen, dass mein Schatzi supergut zu mir passt. Das habe ich in der Vergangenheit nämlich leider viel zu oft vergessen.

Irgendwie wurde es sehr schnell zur Normalität, dass wir so toll zusammenpassten. Unsere Liebe verflüchtigte sich immer mehr in der Sickergrube des Alltags.

Plötzlich war es wichtig, wer mehr im Haushalt machte oder ob im Büro alles glatt lief. Plötzlich machte ich Stress, weil irgendwelche Nichtigkeiten in der Beziehung nicht so liefen, wie ich mir das vorgestellt hatte.

Kurz: Der ganz normale Alltag hielt Einzug in unsere Beziehung. Und genau das werde ich dem Alltag nie wieder gestatten!

Ich sorge jetzt dafür, dass mir die Beziehung

immer das Wichtigste bleibt. Ich sorge außerdem dafür, dass meine Gefühle für meine Partnerin von Liebe getragen werden. Ich weiß, was ich dafür zu tun habe. Es ist ganz einfach! Ich achte auf alle Anzeichen, die mir bestätigen, dass sie als Partnerin supergut zu mir passt und dass ich bei ihr als Lebenspartner ebenfalls erwünscht bin. Die Liebe kann so schön sein! ☺

Kurzbeschreibung der Methode

1. Erinnere dich an Anzeichen, die dir bestätigen, dass du erwünscht bist.
2. Erinnere dich an Anzeichen, die dir bestätigen, dass jemand gut zu dir passt.
3. Achte im Alltag auf Anzeichen, die dir bestätigen, dass du erwünscht bist.
4. Achte im Alltag auf Anzeichen, die dir bestätigen, dass jemand gut zu dir passt.

2. Mach's passend!

Es gibt Momente im Leben, da passt einfach alles. Jetzt zum Beispiel! ☺

Überlege einmal, was jetzt alles passt. Du hast gerade Zeit, in diesem Buch zu lesen. Das passt doch super! Gerade jetzt, wo du Lust dazu hattest!

Und warum passt das Wetter gerade? Weil der strahlende Sonnenschein genau die Lebensfreude widerspiegelt, die beim Lesen in dir entsteht? Oder weil dieser regnerische Tag wie geschaffen dafür ist, zu Hause zu bleiben und es sich mit diesem Buch gemütlich zu machen?!

Weißt du schon, auf was ich hinaus will? Es ist egal, wie deine Lebensumstände gerade aussehen. Sie passen immer irgendwie. Sobald du dich fragst, warum sie jetzt eigentlich gerade passen, wirst du nicht nur eine logische Antwort finden, sondern gleichzeitig auch Glücksgefühle in dir auslösen.

Dein neurologisches Belohnungssystem lässt Lebensfreude in dir entstehen, wenn du das tust.

Ups! Das war eigentlich ein großes Geheimnis! Entschuldigt bitte, all ihr glücklichen Menschen, dass ich das Geheimnis eurer Lebensfreude verraten habe. ☺

Im Ernst, genau diese Methode ist für die fast unerhörte Lebensfreude einiger besonders glücklicher Menschen verantwortlich. Während alle Welt ständig darauf schaut, was alles nicht passt, sind diese aus Versehen auf die Idee gekommen, genau das Gegenteil zu tun. Sie finden in allem einen positiven Sinn.

Sie gehen über die Straße und ein Auto fährt ihnen über den Fuß. Sofort sagen sie:

„Was ein Glück, dass mir das Auto nicht über den Hals gefahren ist!"

Scherz beiseite: Es geht nicht darum, sich irgendetwas schönzureden, was es in Wirklichkeit überhaupt nicht ist. Das wäre auf Deutsch gesagt *Selbstverarschung*! Es ist jedoch gleichermaßen Selbstverarschung, sich alles unpassend zu machen, was in Wirklichkeit ganz in Ordnung ist. Doch genau das tun fast alle ständig!

Ich habe beschlossen, damit aufzuhören. Ich frage mich stattdessen immer wieder mal, warum die Situation, die ich gerade erlebe, in Wirklichkeit passend sein könnte. Und damit meine ich *wirklich* passend!

Was könnte zum Beispiel wirklich passend daran sein, wenn jetzt jemand käme und dich beim Lesen unterbrechen würde?

Möglicherweise könntest du mit diesem Menschen ein interessantes Gespräch über den Inhalt dieses Buches führen.

Vielleicht könntest du aber auch das Gespräch nutzen, um in der Praxis gleich einmal auszuprobieren, was du über das Passendmachen gelesen hast.

Oder du könntest sowieso einmal eine kleine Pause gebrauchen und erst einmal *verdauen*, was du gelesen hast.

Ich garantiere dir, dass du fast immer einen sinnvollen Grund finden wirst, warum eine Situation gerade tatsächlich passend ist, wenn du danach schaust. Dein Alltag bietet dir fast unentwegt die Möglichkeit, Lebensfreude in dir entstehen zu lassen.

Schauen wir uns einmal ein paar ganz alltägliche Lebenssituationen diesbezüglich an.

Ich habe im Allgemeinen als selbstständiger Glückstrainer mächtig viel zu tun. Manchmal weiß ich gar nicht so recht, wo mir der Kopf steht. Ich könnte das natürlich sehr leicht als unpassend empfinden, weil ich weniger arbeiten möchte. Wenn ich das so sehe, fühle ich mich in meinem Job ständig unter Druck. Und ich bin unzufrieden, weil ich kaum noch Freizeit habe.

Frage ich mich jedoch, warum diese viele Arbeit eigentlich doch passt, fällt mir sofort ein, dass ich vor vielen Jahren nur davon träumen konnte, so erfolgreich zu sein wie jetzt. Und das tat ich damals auch. Was hätte ich dafür gegeben, ein Seminar mit 150 Leuten abhalten zu können. Heute ist das normal!

Ich habe also erreicht, was ich immer erreichen wollte. Und wenn ich es wieder machen müsste, würde ich es noch einmal ganz genauso machen. Und außerdem ist es ja gar nicht *so* viel Arbeit. Vor allem sind es nur Dinge, die ich sehr gerne tue.

So gesehen ist es also mehr als passend, dass ich so viel zu tun habe. Es ist mächtig klasse!

Genau so empfinde ich tatsächlich. Wenn ich daran denke, dass ich gerne mehr Freizeit hätte, bin ich unzufrieden. Denke ich daran, dass ich mich in meinem Beruf richtig ausleben kann und den Erfolg genieße, macht mir die viele Arbeit gar nichts aus. Im Gegenteil – ich genieße sie jedes Mal aufs Neue.

Damit meine Taktik nicht zu Trick 17 mit Selbstverarschung wird, frage ich mich einfach immer, was in meiner Prioritätenliste tatsächlich wichtiger ist. Ist es mir wichtiger, weniger Arbeit zu haben, oder ist es mir wichtiger, erfolgreich zu sein und mich in meinem Beruf verwirklichen zu können?

Ich entscheide mich bei klarem Verstand, dass mir Letzteres wichtiger ist. Bedingt durch diese Entscheidung wird mit dann sofort klar, dass es eine Selbstverarschung wäre, wenn ich unzufrieden wäre, weil ich zu erfolgreich bin! Ich denke, das ist leicht nachzuvollziehen.

Ich halte es für wichtig, die Kontrollfrage nach der Prioritätenliste immer wieder mal zu stellen, damit man Trick 17 vermeidet.

Ich bin nicht gerne realitätsfremd und rede mir deshalb auch nicht gerne irgendwelches Zeugs ein, bei dem jeder, der es hört, nur die Augen rollt. Doch das muss man auch gar nicht. Unsere Lebensumstände sind viel besser als ihr Ruf! ☺

Im Ernst! In unserer Kultur gehört es anscheinend zum guten Ton, dass man ständig über seine Lebensumstände klagt. Sagt man etwas Positives, schauen erst einmal alle ein wenig irritiert.

In Wirklichkeit gibt unser Alltag jedoch sehr viel mehr Möglichkeiten her, mit denen man sich Glücksgefühle zaubern kann, als uns bewusst ist. Man muss es einfach nur mal tun. Es ist auch nicht schwierig oder anstrengend. Anstatt sich zu fragen, warum etwas nicht passt, fragt man sich einfach, warum etwas in Wirklichkeit doch passt.

Das ist schon alles. Und schon erlebt man Lebensfreude ohne Ende.

Schauen wir uns noch ein paar andere Beispiele an, um die Einfachheit dieser Methode deutlich zu machen.

Ich komme zum Beispiel gerade vom Krafttraining. Wie so oft ist mir auch dieses Mal etwas übel im Magen. Das kommt von den Wachstumshormonen, die beim Muskeltraining ausgeschüttet werden, wenn man so richtig reinlangt.

Jetzt könnte ich natürlich jammern, weil mir übel ist. Ich könnte diesen Zustand so richtig unpassend machen. Natürlich finde ich es nicht schön, wenn mir übel ist.

Ich könnte mich jedoch auch fragen, warum das eigentlich in Wirklichkeit doch passt. In Wirklichkeit gehe ich nämlich ins Fitnessstudio, weil ich mehr Muskeln will. Und die bekomme ich vor allem dann, wenn mein Körper mächtig viele Wachstumshormone produziert.

Natürlich passt die Übelkeit dann doch, da sie ja ein Beweis für die Wachstumshormonausschüttung ist. Und das ist es ja, was ich will.

Dafür gehe ich einmal die Woche ins Studio und mache ein spezielles Training, das mit so wenig Aufwand für ein recht akzeptables Ergebnis sorgt.

Es passt in Wirklichkeit also doch richtig gut, dass mir jetzt für eine Stunde etwas übel ist. Daran erkenne ich, dass ich wieder richtig gut trainiert habe. Ein schönes Gefühl! ☺

Nehmen wir noch ein weiteres Beispiel: Mein bester Freund hat ein Problem mit mir und bittet mich um ein klärendes Gespräch. Was soll daran bitteschön passend sein?!

Machen wir also den Härtetest! Warum passt das in Wirklichkeit doch? Was könnte daran gut sein?

Wenn mein Freund mich um das Gespräch bittet, dann scheint er offensichtlich daran interessiert zu sein, die Freundschaft mit mir aufrechtzuerhalten. Sonst würde er einfach nur sagen: „Der Bodo ist ein Idiot" und würde sich nicht mehr melden. Offensichtlich bin ich ihm jedoch wichtig. Und das finde ich äußerst passend, denn er ist mir ja ebenfalls wichtig.

Außerdem finde ich es gut, wenn wir nichts zwischen uns kommen lassen. Lieber klären wir es gleich, bevor es sich aufstaut. Weiterhin besteht durch solch ein Gespräch immer die Chance, unsere Freundschaft noch mehr zu vertiefen. Das war eigentlich jedes Mal der Fall, wenn ein Freund ein Problem mit mir hatte. Damit wird es auch ziemlich sicher dieses Mal auch der Fall sein.

Was also sollte an diesem Gespräch unpassend sein? Das sind doch geniale Aussichten! Das einzige Problem ist, dass ich auf dieses Gespräch noch so lange warten muss! ☺

Genauso sieht es aus, wenn jemand mich kritisiert. Ich kann es als lästig und damit als unpassend empfinden, oder nachschauen, ob ich daraus irgendetwas Wichtiges lernen kann. Das kann man nämlich fast immer. Und wenn es nur die Bestätigung ist, dass man doch alles richtig gemacht hat. Das ist auch nicht schlecht!

Natürlich kann man sich nicht *jede* Situation passend machen. Darum geht es jedoch bei dieser Methode auch nicht. Du solltest nur nicht dein Lebensfreudepotenzial sinnlos verschenken, das dir dein Alltag jeden Tag mehrfach bietet. Nutze es! Ein Leben voller Lebensfreude ich keine Hexerei.

Gewöhne dir einfach an, immer wieder mal nachzuschauen, warum die Situation, die du gerade erlebst, in Wirklichkeit sehr passend ist.

Es ist übrigens sehr viel leichter, sich etwas Schönes anzugewöhnen, als sich etwas Schlechtes abzugewöhnen.

Kämpfe also nicht gegen die Gewohnheit, alles unpassend zu machen. Gewöhne dir stattdessen einfach nur an, dich zu fragen, warum etwas in Wirklichkeit doch passt. Ich wünsche dir dabei Lebensfreude bis zum Abwinken! ☺

Kurzbeschreibung der Methode

1. Frage dich, warum die Situation in Wirklichkeit gerade passend ist.
2. Mach den Trick-17-Test: Was steht in deiner Prioritätenliste weiter oben?
3. Gewöhne dir an, deine Lebensumstände von der passenden Seite zu sehen.
4. Genieße deine Lebensfreude! ☺

3. Wie würde es sich anfühlen?

Es gab in deinem Leben sicherlich Situationen, in denen du mächtig glücklich warst. Kannst du dich noch daran erinnern, wie es sich damals anfühlte, so richtig glücklich zu sein?

Kannst du dich noch an die Lebensfreude von damals erinnern? Oder kannst du dir vielleicht sogar vorstellen, wie es sich anfühlen würde, wenn du diese Lebensfreude jetzt gerade wieder spüren würdest? Es wäre ein schönes Gefühl, stimmt's?

Was meinst du, wie schön dieses Gefühl erst wäre, wenn deine Lebensfreude noch stärker würde? Vielleicht sogar stärker als damals! Das wäre doch ein geniales Gefühl, oder?

Versuch dir einmal vorzustellen, wie das wäre, wenn du diese gigantische Lebensfreude jetzt spüren würdest!

Was, meinst du, empfindest du für deine Freunde, wenn du voller Lebensfreude bist? Könnte es sein, dass du dann Zuneigung spürst?

Wie würde es sich anfühlen, wenn du diese Zuneigung jetzt fühlen würdest?

Stell dir einmal vor, deine Zuneigung würde stärker. Kannst du dir vorstellen, wie sich das anfühlen würde? Und wie würde es sich anfühlen, wenn deine Zuneigung noch stärker würde?

Wie fühlt es sich eigentlich an, wenn Zuneigung richtig mächtig stark wird? So stark, dass Liebe daraus wird?!

Stell dir einmal vor, du würdest diese Liebe jetzt fühlen! Wie würde es sich anfühlen, wenn deine Liebe noch stärker würde?

Und jetzt stell dir vor, deine Liebe würde sich noch einmal auf unglaubliche Weise verstärken! Wie würde sich das anfühlen?

Kannst du dir vorstellen, wie sich die Liebe anfühlen würde, wenn sie stärker würde als jemals zuvor in deinem Leben – so stark, dass du glaubst, vor Glück zu zerspringen?

Und jetzt pack noch einen drauf! Der Mensch erträgt nämlich mehr Glück, als er denkt. Stell dir vor, wie es sich anfühlen würde, wenn deine

Liebe und deine Lebensfreude so stark würden, dass du vor Glück laut aufschreien möchtest!

Weißt du, wie sich Begeisterung anfühlt? Kannst du dir vorstellen, wie es sich anfühlen würde, wenn du von deiner Liebe und deiner Lebensfreude maßlos begeistert wärest?

Dann stell dir einmal vor, diese Begeisterung würde noch wachsen! Sie ist schon so stark, dass du nur noch jubilieren könntest, aber sie würde noch stärker.

Würdest du dabei lächeln? Oder würdest du über alle vier Backen strahlen wie ein Honigkuchenpferd? Könnte es sein, dass du diesen Zustand genießen würdest?! Könnte es sein, dass du dabei Spaß haben würdest?!

Was wäre, wenn dieser Spaß noch größer würde? Wie würde sich das anfühlen? Würdest du dir das Kichern verbeißen können?

Kannst du dich noch daran erinnern, wie sich das anfühlt, wenn man lachen will, aber es nicht darf? Das ist nämlich auch nicht schlecht! Wie fühlt es sich an, wenn man innerlich grinst?

Wenn man ganz für sich allein Spaß hat, ohne dass irgendjemand etwas davon merkt?

Und wenn es dann trotzdem jemand mitkriegt und dieser Jemand sich dann vor Lachen nicht mehr halten kann? Weißt du, wie es sich anfühlt, wenn man vor Lachen explodiert? Wenn alle Gesichtszüge völlig entgleisen? Man muss noch nicht einmal wissen, worüber man lacht. Man kann sogar darüber lachen, dass man nicht weiß, worüber man lacht. Kennst du das? Das ist genial! ☺

Irgendwann beruhigt man sich wieder und ist dann völlig relaxed. Kannst du dir vorstellen, wie sich das anfühlen würde? Du liegst völlig zufrieden irgendwo in der Ecke und lässt den lieben Gott einen guten Mann sein. Ab und zu musst du noch unkontrollierbar grinsen. Aber das legt sich auch immer mehr. Zurück bleibt die totale Zufriedenheit. Kennst du das Gefühl? Das ist so geil!

Kannst du dir vorstellen, wie es sich anfühlen würde, wenn du jetzt so richtig zufrieden wärst mit dir und der Welt? Stell dir einmal vor, diese

Zufriedenheit würde noch tiefer! Weißt du, wie es sich anfühlt, wenn die Zufriedenheit zum totalen inneren Frieden wird? Stell dir das einmal vor!

Wie fühlt es sich an, wenn dieser innere Frieden dich vollkommen ausfüllt? Das Leben kann so schön sein!

In solchen Momenten kommen einem oft gute Ideen. Stell dir einmal vor, genau das wäre jetzt passiert. Du hast eine geniale Idee, wie du dein Leben noch schöner machen kannst. In dir steigt das Bedürfnis auf, diese Idee in die Tat umzusetzen. Kannst du dir vorstellen, wie sich das anfühlen würde? Du würdest Lust bekommen, deine Idee anzupacken.

Weißt du eigentlich, wie sich Lust anfühlt? Und weißt du auch, wie es sich anfühlt, wenn die Lust stärker wird? Kennst du das Gefühl, dass du nicht mehr ruhig sitzen bleiben kannst, weil die Lust dich gepackt hat? Das ist ein geniales Gefühl, oder?

Stell dir vor, diese Lust würde noch stärker! In dir entsteht ein unbändiges Verlagen. Weißt du, wie sich das anfühlt? So entsteht Leidenschaft.

Apropos Leidenschaft: Weißt du, wie sich Leidenschaft anfühlt? Weißt du, wie es sich anfühlt, wenn man sehr lange mächtig große Lust hatte und sie jetzt endlich ausleben darf?

Stell dir einmal vor, deine Leidenschaft würde sich langsam steigern! Weißt du, wie sich das anfühlt, wenn sich Leidenschaft langsam steigert, wie sie in dir lodert und zu brennen beginnt, wie du langsam deine Sinne verlierst und du in völliger Ekstase explodierst? Wie würde es sich anfühlen, wenn das passiert?

Und wie würdest du dich danach fühlen? Weißt du, wie du dich fühlst, wenn du so richtig durch und durch befriedigt bist? In solchen Momenten wird einem oft die Schönheit des Lebens und der Liebe bewusst. Kannst du dir vorstellen, wie es sich anfühlt, wenn einem das bewusst wird?

Kennst du die Liebe danach? Weißt du, wie es sich anfühlt, wenn man vor Zärtlichkeit nur so dahinschmelzen könnte? Wenn man sich so verbunden fühlt, als wäre man eins? Kannst du dir vorstellen, wie sich das jetzt anfühlen würde?

Kennst du eigentlich den Augenblick, in dem einem bewusst wird, dass man die Verbundenheit, auch mit vielen anderen Menschen teilt? Du hast sicherlich viele Freunde und Bekannte, mit denen du dich verbunden fühlst. Kannst du dir vorstellen, wie du dich in solch einem wunderbaren Moment fühlst, wenn dir bewusst wird, wie viele liebe Menschen es in deinem Leben gibt, mit denen du dich verbunden fühlst?

Wie würde es sich anfühlen, wenn diese Verbundenheit zur Gewissheit wird, dass du immer Menschen hast, die du magst und die dich mögen? Sie sind für dich da – genauso, wie du für sie da bist. Dafür möchte ich dich ganz herzlich beglückwünschen.

Wie du siehst, ist es nicht schwer, gute Gefühle entstehen zu lassen. Man kann sie sich einfach vorstellen, und schon sind sie wirklich da.

Das Schöne an dieser Methode ist, dass sie immer besser funktioniert, je häufiger man sie anwendet.

Als ich die Methode im Dezember 2003 entwickelte, funktionierte sie bei mir selbst nur eher halbherzig. Da die Teilnehmer bei meinen Seminaren jedoch regelrecht ekstatisch drauf reagierten, beschloss ich zu üben. Nach wenigen Versuchen gelang es mir dann genauso gut wie den anderen.

Mittlerweile brauche ich nur noch zehn Sekunden, bis mir die Tränen vor Glück in den Augen stehen, und weitere zehn, bis mir vor Glück schwarz vor den Augen wird.

Ich grinse dabei jedoch so dämlich vor mich hin, dass ich diesen Anblick niemandem zumuten will. Deshalb vermeide ich es, in der Öffentlichkeit mit meinen Glücksgefühlen so weit zu gehen. In Wirklichkeit habe ich jedoch nur Angst, dass die Leute sagen:

„Lass die Finger von den Glücksmethoden von Ella Kensington, sonst siehst du auch bald so aus wie der da!" ☺

Übrigens ist diese Methode eine gesunde Alternative zu Alkohol oder sonstigen stimmungsaufhellenden Drogen. Anstatt wirklich Alkohol zu trinken, stelle ich mir nur vor, wie ausgelassen ich mich jetzt fühlen würde, wenn ich Alkohol getrunken hätte. Dann steigere ich mich in dieses Gefühl hinein.

Die Ergebnisse sind weit besser, als wenn ich tatsächlich etwas trinken würde. Und vor allem hat man am nächsten Tag keinen Kater.

Ich kann diese Methode also wirklich empfehlen. Sie ist eine echte Bereicherung meines Lebens.

Mittlerweile stelle ich mir sehr häufig am Tag die Frage, wie ich mich jetzt fühlen würde, wenn ich richtig mächtig glücklich wäre.

Das Interessante dabei ist, dass die Antwort jedes Mal anders ausfällt. Mal ist mein Glück von Freude bestimmt, mal von Liebe. Mal empfinde ich Zufriedenheit und mal Begeisterung.

Es kommt immer darauf an, was in meinem Leben gerade passiert. Jetzt, in diesem Moment, wo ich dieses Buch schreibe, ist mein Glück von der Lust zum Schreiben bestimmt. Ich fühle also diese Lust, wenn ich mir die Frage nach meinem Glück stelle.

In ein paar Augenblicken werde ich dieses Kapitel abgeschlossen haben. Dann werde ich zufrieden damit sein, was ich geschrieben habe.

Du liest gerade dieses Buch. Wie würdest du dich beim Lesen fühlen, wenn du jetzt gerade richtig mächtig glücklich wärst?

Kurzbeschreibung der Methode

1. Wähle ein Glücksgefühl aus, das du dir vorstellen möchtest.
2. Frage dich, wie es sich anfühlen würde, dieses Gefühl jetzt zu fühlen.
3. Frage dich, wie es sich anfühlen würde, wenn dieses Gefühl stärker würde.
4. Stell dir vor, wie dieses Gefühl sich anfühlen würde, wenn es noch stärker würde.
5. Wiederhole diese Prozedur mit einem anderen Glücksgefühl.
6. Beende die Übung, bevor dir vor Glück schwarz vor Augen wird! ☺

4. Die totale Erinnerung

Wann hattest du das letzte Mal so richtig guten Sex? Erinnere dich bitte einmal an eines von diesen unzähligen Malen! ☺

Hast du dich schon für eine Situation entschieden? Dann versuche, dich einmal daran zu erinnern, was du in dieser Situation gesehen hast. Sieh in deiner Erinnerung das Gleiche, was du damals gesehen hast. Stell es dir richtig bildhaft vor. Lass dir dabei etwas Zeit.

Und jetzt versuche dich daran zu erinnern, welche Stimmen oder Geräusche du in dieser Situation gehört hast.

Und während du in deiner Erinnerung siehst, was du damals gesehen hast, und hörst, was du damals gehört hast, erinnere dich einmal daran, was du gespürt hast. Welche Berührungen spürtest du auf der Haut? Was fühlten deine Hände? Und was fühlte der Rest von deinem Körper? ☺

Und während du siehst, was du damals gesehen hast, hörst, was du damals hörtest und spürst, was du damals spürtest, kannst du dich vielleicht auch an einen bestimmten Geruch oder einen bestimmten Geschmack erinnern?!

Wie hast du dich in dieser Situation gefühlt? Schließe bitte jetzt die Augen und genieße diese totale Erinnerung.

Und? War es schön? Willst du noch mal?! ☺

Dieses Mal nehmen wir allerdings etwas anderes. Wann hast du dich das letzte Mal vor Lachen so richtig weggeworfen? (Es ist nicht wichtig, ob es wirklich das letzte Mal war!)

Nimm irgendeine Situation, in der du dich so gut amüsiert hast, dass du vor Lachen Tränen in den Augen hattest.

Erinnere dich wieder daran, was du dabei gesehen hast. Sehe es wieder in deiner Erinnerung. Und während du siehst, was du damals gesehen hast, kannst du dich bestimmt auch noch daran erinnern, was es in dieser Situation zu hören gab.

Während du siehst, was du damals gesehen hast, und hörst, was du damals hörtest, fühle einmal den Spaß, den du damals im Gesicht hattest!

Und während du siehst, was du damals gesehen hast, hörst, was du damals hörtest, und spürst, was du damals spürtest, kannst du dich vielleicht auch an einen bestimmten Geruch oder einen bestimmten Geschmack erinnern?!

Wie hast du dich in dieser Situation gefühlt? Schließe auch jetzt wieder deine Augen und genieße diese totale Erinnerung.

Und? Bist du schon auf den Geschmack gekommen? Erinnern kann sehr schön sein!

Nehmen wir noch eine andere Situation, damit du ein Gefühl für diese Methode bekommst.

Wann hast du dich das letzte Mal mit einem Menschen so richtig intensiv verbunden gefühlt?

Erinnere dich daran, was du dabei gesehen hast. Lass dir Zeit, um diese inneren Bilder vor deinem geistigen Auge entstehen zu lassen.

Wenn du siehst, was du damals gesehen hast, dann erinnere dich daran, was du damals hören konntest. Lass dir auch hierbei genug Zeit.

Während du also vor deinem geistigen Auge siehst, was du damals gesehen hast, und hörst, was du damals hörtest, erinnere dich daran, was es in dieser Situation zu spüren gab. Nimm dir auch hier ausreichend Zeit.

Und während du siehst, was du damals gesehen hast, hörst, was du damals hörtest, und spürst, was du damals spürtest, kannst du dich vielleicht auch an einen bestimmten Geruch oder einen bestimmten Geschmack erinnern, der zu dieser Situation gehörte.

Wie hast du dich in dieser Situation gefühlt? Schließe jetzt wieder deine Augen und genieße diese totale Erinnerung.

Auf diese Art und Weise kannst du sehr viele schöne Gefühle aus dem reichhaltigen Sortiment deiner positiven Erinnerungen auswählen.

Wichtig ist dabei, die Situationen nicht als Zuschauer zu sehen, sondern sie so zu erleben, als würde es jetzt gerade wieder passieren. Du solltest dich also in deinen Erinnerungen nicht so sehen, wie dich ein anderer Mensch hätte sehen können, wäre er dabei gewesen. Sieh alles so durch deine eigenen Augen hindurch, wie du es damals wirklich gesehen hast.

Das Schöne bei dieser Methode ist, dass Erinnerungen immer lebendiger werden, je häufiger man daran denkt. Die Gefühle werden also immer stärker, wenn du häufig in deinen Erinnerungen schwelgst. Nach kurzer Zeit genügt es, einfach nur einmal kurz an ein Erlebnis zu denken, und die guten Gefühle durchfluten deinen ganzen Körper.

Auf diese Art und Weise kannst du dir jedes Gefühl zugänglich machen.

Wann hast du dich zum Beispiel das letzte Mal so richtig schön geborgen oder beschützt gefühlt?

Wann hattest du das letzte Mal das Gefühl, dass du geliebt wirst? Oder wann hast du das letzte Mal selbst intensive Liebe für einen anderen Menschen gefühlt?

Wann warst du das letzte Mal so richtig zufrieden mit dir und dem Leben?

Wann hast du dich das letzte Mal über ein Geschenk gefreut?

Wann warst du das letzte Mal über alle Maßen begeistert von etwas?

Wobei hast du dich das letzte Mal richtig frei gefühlt?

Wann hast du das letzte Mal ein Essen so richtig in vollen Zügen genossen?

Hast du schon einmal einen tiefen inneren Frieden gefühlt?

Wann hattest du das letzte Mal so viel Lust auf etwas, dass du nicht ruhig sitzen bleiben konntest?

Kannst du dich an einen total romantischen Sonnenuntergang erinnern?

Weißt du noch, wie es ist, wenn man sich rundum pudelwohl fühlt?

All diese Situationen bieten dir die Möglichkeit, deinen Alltag mit wundervollen Erinnerungen zu versüßen. Und wie gesagt: Je häufiger du dich an solche Situationen erinnerst, desto mehr Gefühl lösen sie in dir aus.

Es ist schön, im Hier und Jetzt zu leben. Es ist jedoch auch schön, in wundervollen Erinnerungen zu schwelgen!

Ich persönlich lebte früher mehr in der Zukunft als in der Gegenwart oder gar in der Vergangenheit. Diese lag hinter mir und interessierte mich nicht sonderlich. Wofür sollte sie gut sein?! Außerdem waren da eine Menge Erinnerungen, an die ich nicht unbedingt wieder denken wollte.

Ich ließ das Glückspotenzial meiner positiven Erinnerungen also brachliegen. Wenn ich mich an etwas erinnerte, dann erzeugte das auch kaum Gefühle – erstens, weil ich diesen Erinnerungen keine Wichtigkeit gab, und zweitens, weil ich viel zu selten daran dachte, als dass die Gefühle hätten stark werden können.

Ich wunderte mich dann irgendwann, wieso es so viele Menschen gab, die immerzu von *früher* erzählen wollten. Was bitte schön, sollte früher so viel besser gewesen sein?!

Ich erkannte jedoch, dass diese Menschen sich sehr glücklich fühlten, wenn sie von früher erzählten. Und das wollte ich auch. Ich begann also, mich für meine Vergangenheit zu interessieren.

Zunächst konnte ich mir mit meinen Erinnerungen kaum ein positives Gefühl entlocken. Doch dann stieß ich auf einige Erinnerungen, bei denen mir dies auf Anhieb gelang. Ich fand schnell heraus, dass dies allesamt Erinnerungen waren, die ich mir recht häufig ins Gedächtnis rief oder von denen ich oft erzählte.

Viele von diesen Geschichten wurden mit jedem Mal in meiner Erinnerung immer besser. Doch es war ja nicht wichtig, exakt bei der Wahrheit zu bleiben. Es war mir wichtig, mich mit diesen Erinnerungen glücklich zu fühlen.

Ich übte also ein wenig und dachte recht häufig an die gleichen schönen Situationen. Nach kurzer Zeit hatte ich mir ein kleines Repertoire an Erinnerungen zurechtgelegt, mit denen ich fast alle meine Wunschgefühle intensiv erleben konnte. Meine Favoriten sind Erinnerungen, die mit Liebe, Freundschaft oder Zufriedenheit zu tun haben.

Erinnern kann also sehr schön sein. Ich wünsche dir viele tolle Glücksmomente dabei! ☺

Kurzbeschreibung der Methode

1. Wähle ein Gefühl aus, an das du dich gerne erinnern möchtest.
2. Frage dich, wann du dieses Gefühl das letzte Mal so richtig intensiv erlebt hast.
3. Erinnere dich daran, was du in dieser Situation gesehen hast.
4. Erinnere dich zusätzlich daran, was du gehört hast.
5. Erinnere dich zusätzlich daran, was du gespürt hast.
6. Erinnere dich zusätzlich daran, was du geschmeckt oder gerochen hast.
7. Erinnere dich daran, wie du dich in dieser Situation gefühlt hast, und genieße deine totale Erinnerung.

5. Das wird genial!

Vor einigen Jahren hörte ich im Radio einen ausländischen Fußballtrainer, der eine deutsche Mannschaft trainierte. Diese Trainer ließ eine solche Begeisterung über den Äther fließen, dass ich fast noch Fußballfan geworden wäre.

„Dann machen wir sieben Sturmspitzen, drei Abseitsfallen und stellen fünf Tormänner ins Tor, und damit machen wir alle anderen Mannschaften platt!", meinte er. (Es kann auch sein, dass er etwas andere Worte gewählt hat. Du weißt ja, wie das ist mit den Erinnerungen! ☺)

Mir fiel bei diesem Fußballtrainer auf, dass er sich selbst auf eine ganz bestimmte Art und Weise in seine Begeisterung hineinsteigerte.

Zunächst spekulierte er, dass er nicht ausschließen würde, dass seine Mannschaft dieses Jahr Deutscher Meister werden könnte.

Im nächsten Satz hielt er es schon für wahrscheinlich, dass dies gelingen würde.

Einen Satz später war es für ihn schon sehr

wahrscheinlich.

Und wieder einen Satz später war er schon fast sicher, dass dies gelingen würde.

Der Moderator kam mit dieser Begeisterungsekstase nicht so schnell mit. Er fragte dann, ob der Trainer nicht furchtbar enttäuscht wäre, wenn das alles nicht klappen würde.

Der Trainer antwortete in seinem gebrochenen Deutsch lediglich:

„Un wenn net? Scheißegal! Lebbe geht weider!“

Ich fiel fast vom Stuhl als ich diesen Satz hörte. Da tut dieser Mensch so, als wäre es das Größte und Wichtigste der ganzen Welt, wenn seine Hoffnung erfüllt wird, und wenn es dann doch nicht klappt, sagt er einfach: „Scheißegal! Lebbe geht weider!“

Ich erkannte sofort, dass dieser Mann das Geheimnis wahrer Begeisterung gefunden hatte.

Ich muss zugeben, dass der Satz, „Scheißegal! Lebbe geht weider!“, seitdem mein Leben wirklich verändert hat. Ich traue mich jetzt, mich in meine Vorfreude hineinzusteigern. Es ist nicht schlimm, wenn es mal nicht so kommt, wie ich es mir vorgestellt habe. Dann bleibt halt alles so, wie es jetzt ist. Und das ist doch scheißegal! Lebbe geht sich als weider!

So konnte die Mannschaft dieses Fußballtrainers entweder Deutscher Meister werden oder eben nicht.

In Wirklichkeit hing das Glück dieses Trainers nicht davon ab, dass sie Deutscher Meister würden. Genauso wenig, wie mein Glück davon abhängt, ob etwas genauso kommt wie ich mir das wünsche.

Was wirklich wichtig ist, ist glücklich zu sein. Und Vorfreude ist ein sehr wichtiges Gefühl für dieses Ziel.

Vorfreude schüttet in unserem Gehirn Dopamin aus – ein Glückshormon, das viele andere Glückshormone mit beeinflusst. Es gibt also durch die Vorfreude eine regelrechte Glückskettenreaktion.

Seit die Wissenschaft sich ausgiebig mit dem Thema Glück auseinandergesetzt hat, wissen wir, dass die Vorfreude tatsächlich wesentlich beglückender sein kann als das Eintreffen des erhofften Ereignisses selbst.

Kleine Kinder wissen das noch intuitiv! Als mein Neffe drei Jahre alt war, war er mit seiner Oma im Spielzeugladen. Er war hin und weg von all diesen tollen Spielsachen und wollte gar nicht mehr nach Hause.

Die Oma wollte aber wieder nach Hause und meinte dann zu dem Kleinen, dass sie wieder gehen sollten, weil der Opa sich doch so sehr darauf freue, seinen Enkel wiederzusehen.

Mein Neffe überlegte erst kurz, dann fragte er: „Der Opa freut sich jetzt schon, dass ich komme?"

„Ja", bestätigte die Oma.

„Dann können wir ja noch bleiben", meinte mein Neffe wohlwollend. „Dann kann sich der Opa noch ein bisschen länger freuen!"

Dieser kleine Knirps hatte als Dreijähriger schon verstanden, was die Wissenschaft jetzt erst herausgefunden hat. Ein echtes Wunderkind! ☺

Genau wie die Vergangenheit bietet uns die Zukunft ein immenses Glückspotenzial, das uns täglich mit Verzückung erfüllen kann. Wir sollten dieses Glückspotenzial nicht ungenutzt brachliegen lassen.

Sich in eine Begeisterung hineinzusteigern, macht sehr viel Spaß. Es bringt Motivation und Lebensfreude bis zum Abwinken. Man sollte jedoch immer die Worte dieses weisen Fußballtrainers im Hinterkopf behalten, falls es mal doch nicht so recht klappen will:

„Scheißegal! Lebbe geht weider!"

Wollen wir es also einmal gemeinsam versuchen?!

Worauf hättest du gerne so richtig mächtig viel Vorfreude? Auf deinen nächsten Urlaub vielleicht? Oder aufs Wochenende? Auf das neue Auto? Auf das neue paar Schuhe?

Nehmen wir einmal als Beispiel den nächsten Urlaub. Mach dir jetzt einmal bewusst, dass es sicherlich nicht auszuschließen ist, dass dein Urlaub toll wird. Es besteht sogar eine akute Gefahr, dass er richtig toll wird, stimmt's?! ☺

Es ist also durchaus möglich, dass dein Urlaub so richtig toll wird. Es ist sogar sehr gut möglich. Eher sogar wahrscheinlich, wenn man es sich genau überlegt. Es ist ziemlich wahrscheinlich, dass dein Urlaub toll werden könnte! Eigentlich sogar sehr wahrscheinlich, oder?!

Es wird bestimmt toll. Möglicherweise wird das der schönste Urlaub, den du je hattest! Das ist sehr gut möglich. Und mit den Methoden aus diesem kleinen Büchlein sogar mehr als wahrscheinlich. Du wirst diesen Urlaub ziemlich sicher mehr genießen können als jemals zuvor in deinem Leben. Das wird richtig genial! Ach, was sage ich, es wird intergalaktisch!

Und wenn net? Scheißegal! Lebbe geht sich als weider!

Na? Hast du Lust auf Urlaub bekommen? Ich schon! Es wird bestimmt richtig toll! Und je länger es noch dauert, bis ich in Urlaub gehen kann, desto länger kann ich mich darauf freuen – hat mein Neffe mir beigebracht! ☺

Worauf würdest du noch gerne Vorfreude fühlen? Auf deinen beruflichen Erfolg vielleicht? Erfolg ist geil! Darauf habe ich auch Lust.

Ist es auszuschließen, dass du mit deinem beruflichen Vorhaben erfolgreich sein wirst?

Sicherlich nicht! Alles ist möglich! So auch, dass du Erfolg haben wirst.

Und wenn du es wirklich willst, dann wird es wahrscheinlich auch klappen.

Wenn du bereit bist, alles dafür zu tun, was dazu notwendig ist, dann wird es sogar ziemlich sicher klappen. Dann ist es sogar so gut wie sicher.

Früher oder später wirst du es gepackt haben. Und oft geht das schneller, als man denkt! ☺

Und? Wie sieht es mit deinen Erfolgsaussichten aus? Willst du deine Vorfreude noch mehr verstärken? Dann wiederhole einfach die Gedanken von eben.

Wie ist es also mit deinem Erfolg? Besteht die Gefahr, dass du es schaffst?! Es ist also möglich! Sehr gut möglich sogar! Wenn du es genau überlegst, dann ist es sogar wahrscheinlich. Und wenn du dranbleibst, wird es sogar sehr wahrscheinlich. Bei deiner Intelligenz ist es sogar ziemlich sicher, dass du es schaffst. Früher oder später wirst du es geschafft haben. Und wenn du Glück hast, geht das schneller, als du denkst!

Je häufiger du dich auf diese Weise in deine Zuversicht hineinsteigerst, desto besser wird es dir gelingen.

Dein Gehirn kann wie ein Muskel auf Glück trainiert werden. Die Zuversichts-Methode ist dabei von entscheidender Bedeutung. Dein Gehirn produziert dadurch immer größere Mengen an Dopamin. Dieses Hormon ist ein wahres Wundermittel, wenn es ums Glücklichsein geht. Man wird damit nicht nur glücklicher, sondern auch noch gesünder und leistungsfähiger.

Ich wünsche dir also viel Freude mit deiner Vorfreude!

Kurzbeschreibung der Methode

1. Wähle ein Ziel aus, worauf du Vorfreude fühlen möchtest.
2. Mach dir klar, dass es nicht auszuschließen ist, dass du dieses Ziel erreichst.
3. Mach dir bewusst, dass es durchaus möglich ist.
4. Denk daran, dass es sogar wahrscheinlich ist, wenn du es wirklich willst.
5. Es ist sogar sehr wahrscheinlich, wenn du bereit bist, etwas für dein Ziel zu tun.
6. Dann ist es sogar so gut wie sicher!
7. Und oft erreicht man seine Ziele schneller, als man denkt.
8. Und wenn net?! Scheißegal! Lebbe geht weider!
9. Wiederhole die Schritte 2 bis 7.

6. Tu so als ob!

Tu mal so, als würdest du dich gerade freuen!

Was Schauspieler können, kannst du doch schon lange, oder?!

Fangen wir mal gemeinsam und ganz langsam an: Tu mal so, als würdest du dich ein ganz kleines bisschen freuen. Worüber ist egal. Tu einfach so als ob!

Und jetzt tu mal so, als würde die Freude gerade stärker. Nicht so doll! Nur ein bisschen stärker.

Und jetzt tu so, als würde die Freude richtig stark! Zeig die volle Breitseite deiner schönen Schneidezähne! Lass die Mundwinkel sich von Ohr zu Ohr hochziehen. So ist es gut.

Und jetzt tu so, als würdest du dich noch mehr freuen! Setze dein 360-Grad-Grinsen auf, das rund um deinen Kopf herumläuft!

Und jetzt tu mal so, als würdest du dich gerade wirklich freuen! So richtig von innen heraus. So als wolltest du laut aus dir herausschreien:

„Das Leben ist schöööön!“

Und jetzt schrei los! ☺

Ich hoffe, es kommen jetzt nicht die Männer mit der weißen Weste, die hinten geknöpft wird, und holen dich ab!

Na? Hast du jetzt Freude im Gesicht? Ich schon! Vor allem, wenn ich mir vorstelle, wie du vielleicht irgendwo in einem Einkaufszentrum sitzt und euphorisch herumschreist!

Tu mal so, als wärst du ich! Stell dir vor, du hättest tatsächlich jemanden dazu gebracht, im Einkaufszentrum laut loszuschreien:

„Das Leben ist so schöööön!!!“

Welche Freude hättest du dann im Gesicht? Geh einmal zum Spiegel und schau dir diese Freude an! Sollte dich der Blick in den Spiegel jedoch auch immer deprimieren, dann lass es lieber! Tu einfach so, als würdest du gut aussehen. Das mache ich nämlich auch immer. (Manche Frauen fallen sogar darauf rein! ☺)

Das üben wir jetzt einmal gemeinsam! Wir tun jetzt einmal so, als würden wir gut aussehen. Wir nehmen eine elegante Pose ein und fühlen uns schön!

Du glaubst, das geht nicht?! Einbildung ist alles! Glaub mir, es geht wirklich!

Denk an irgendetwas, was dir an dir gut gefällt. Deine Augen vielleicht? Oder dein Mund? Hast du vielleicht schöne Hände, oder schöne Haare?

Jetzt tu mal so, als würden alle nur auf diese schönen Körperteile schauen. Alles andere sehen sie nicht. Bring also deine Schönheit so richtig zur Geltung. Zeige sie!

Das Geniale ist, dass andere Menschen tatsächlich auf diese schönen Merkmale schauen, wenn du sie betonst. Du machst sie damit auf diese Merkmale aufmerksam.

Tu also jetzt einmal so, als würden dich alle Menschen schön finden! Wirke elegant, sportlich oder graziös.

Und jetzt schau mal in den Spiegel!

Siehst du?! Du siehst tatsächlich sehr viel besser aus. Es funktioniert wirklich.

Meine Partnerin geht gerne Klamotten einkaufen. Wenn sie aus der Umkleidekabine kommt, weiß ich immer schon, ob ihr die Kleider gefallen, die sie ausgesucht hat.

Gefallen sie ihr, steht sie elegant da und lächelt. Gefallen sie ihr jedoch nicht, hängt sie in dem Teil, das sie angezogen hat, wie Pik 7!

Manchmal finde ich diese Klamotten jedoch trotzdem sehr schön. Wenn ich das dann sage, schaut sie noch einmal verwundert, meint „Echt?!" und nimmt eine andere Pose vor dem Spiegel ein. Und plötzlich sieht sie um Klassen besser aus.

Es macht viel mehr aus, wie man seine Kleider trägt, als ob sie wirklich schön sind.

Tu also so, als würdest du gut aussehen. Du wirst sehen, dass die Leute sehr viel positiver auf dich abfahren!

Das Wichtigste ist, sich gut aussehend zu fühlen. Und das ist ganz leicht. Tu so als ob!

Wenn du willst, mach es in kleinen Schritten. Tu so, als würdest du gar nicht so schlecht aussehen. Tu so, als würdest du sogar relativ gut aussehen. Dann tust du so, als würdest du richtig gut aussehen. Zeig allen, dass du in Wirklichkeit eine Schönheit bist! ☺

Welches Gefühl möchtest du als nächstes erleben? Möchtest du dich vielleicht einmal selbstbewusst fühlen? Nichts leichter als das!

Tu mal so, als wärest du recht selbstbewusst. Tu so, als würdest du dir einiges zutrauen. Tu so, als fändest du dich ganz in Ordnung. Und jetzt tu so, als wärest du sogar mehr als in Ordnung. In Wirklichkeit bist du nämlich richtig klasse! Das sollen ruhig alle sehen.

Tu so, als wärest du total selbstbewusst! Zeig der Welt, wer du bist!

Was, meinst du, passiert, wenn du das häufiger tust? Ganz genau – du wirst tatsächlich selbstbewusster.

Man kann viel erreichen, wenn man einfach so tut als ob. Arnold Schwarzenegger tat zum Beispiel bei seiner letzten Wahl zum Mister Olympia so, als wäre er in der besten Form seines Lebens. Das stimmte überhaupt nicht, aber er erzählte es überall mit Überzeugung. Irgendwann hatte er es so oft erzählt, dass er es selbst fast glaubte.

Auf jeden Fall stand er auf der Bühne und sah in

den Augen der Jury besser aus als jemals zuvor. Und da er ja früher immer schon besser gewesen war als seine Konkurrenten, musste er offensichtlich auch dieses Mal der Beste sein.

In Wirklichkeit hätte er gegen seine Konkurrenz jedoch gar keine Chance gehabt. Das gab er eine Weile nach dieser Wahl selbst zu. Alle wunderten sich darüber, wie er es geschafft hatte. Wenn man jedoch die Macht, des So-tun-als-ob kennt, braucht man sich darüber nicht zu wundern.

Tu also so, als ob du glücklich wärst ohne Ende. Nach kurzer Zeit wirst du nicht nur alle anderen davon überzeugt haben, sondern auch dich selbst.

Du wirst wie ein guter Schauspieler keine Rolle spielen, du wirst sie verkörpern!

Gute Schauspieler spielen nicht. Sie versetzen sich so in ihre Rolle hinein, dass sie für eine Weile glauben, wirklich diese Rolle zu sein. Sie fühlen, was der Mensch fühlt, den sie verkörpern. Wenn dieser Mensch traurig sein soll, dann sind sie wirklich traurig. Ihre Tränen sind dann echt!

Wenn der Mensch, den sie spielen sollen, glücklich ist, dann sind sie wirklich glücklich. Das ist das Geheimnis eines guten Schauspielers.

Mir geht es nicht darum, anderen Leuten etwas vorzuspielen. Das ist nicht nötig. Es ist jedoch sehr einfach und sehr schön, auf diese Weise in die verschiedensten glücklichen Rollen hineinzuschlüpfen.

Ich tue manchmal gerne so, als wäre ich ein Popstar, wenn ich im Auto mit der Musik mitträllere (vorwiegend dann, wenn sonst niemand dabei ist!).

Ich tue auch gerne so, als wäre ich ein Superheld – zum Leidwesen meiner Kinder!

Ich lebe getrennt von meiner Exfrau und gehe meine Kinder einmal pro Woche für einen Tag besuchen. Als großes Kind möchte ich natürlich gerne irgendwelche Sachen mit den Jungs machen, bei denen ich mich so richtig austoben kann. Ich will Inline-skaten oder Baumbuden bauen und solche Sachen.

Meine Jungs wollen jedoch immer ins Kino. Das ging mir irgendwann auf die Nerven.

Eines Tages zog ich bei meinem wöchentlichen Besuchstag ein Superman-T-Shirt an. Sie wollten natürlich wieder mal ins Kino – bis sie mein T-Shirt sahen!

„Papa!", sagte der Größere entsetzt, „Das ist ja völlig daneben! So gehen wir mit dir nicht ins Kino!"

„Kein Problem!", sagte ich. „Dann machen wir halt etwas anderes."

Das wollten die beiden jedoch dann auch nicht. Nach einer Weile entschieden sie, doch mit mir ins Kino zu gehen. Während wir das Kino betraten, merkte ich, dass meine Kinder sehr großen Abstand zu mir hielten. Als wir im vollbesetzten Kino vorne vor der Leinwand vorbeigingen, um zu unseren Plätzen zu kommen, schrie ich, so laut ich konnte, „Superman!" und streckte den rechten Arm siegreich in die Luft.

Meine Kinder versanken vor Scham fast im Erdboden. Mittlerweile, nach fünf Jahren, haben sie mir verziehen. Sie reden zwar immer noch fast jede Woche davon, aber jetzt, weil sie es cool fanden. So ändern sich die Zeiten! ☺

Kurzbeschreibung der Methode

1. Wähle ein Gefühl aus, das du gerne erleben möchtest.
2. Tu so, als würdest du dieses Gefühl jetzt im Ansatz erleben.
3. Tu so, als würde das Gefühl jetzt stärker.
4. Tu so, als wäre das Gefühl jetzt richtig stark.
5. Mach eine kleine Pause und wiederhole die Schritte 2. bis 4.
6. Hab Spaß bei dieser Übung! ☺

7. Wahre Schönheit

Denk einmal an etwas, das du richtig schön findest! An den blutroten Sonnenuntergang am Meer, an türkisfarbenes Wasser an weißen Palmenstränden, an den majestätischen Anblick hoher Berge oder an den glitzernden Tautropfen im Gras gleich vor deiner Tür! ☺

Hast du dich entschieden? Wichtig ist, dass du das, woran du denkst, als schön *empfindest*. Ist dies der Fall?

Okay, dann stell dir deine Vorstellung richtig intensiv bildhaft vor. Und jetzt schalte diese Vorstellung wieder aus – so, als hättest du eine Fernbedienung in der Hand, mit der du den Fernseher ausschalten kannst.

Schalte die Vorstellung jetzt wieder ein und mach dir bewusst, dass es echt schön ist. Fühle, dass es schön ist.

Und dann wieder für drei Sekunden ausschalten. Wenn du es dann wieder einschaltest, dann fühle, dass es richtig schön ist, und schalte das

Bild sofort wieder für drei Sekunden aus.

Wiederhole diesen Vorgang für eine Minute immer wieder. Schalte die Vorstellung für drei Sekunden aus und für drei Sekunden ein. Solltest du es nicht schaffen, dir in drei Sekunden das schöne Gefühl zugänglich zu machen, dann verlängere die Zeit des Eingeschaltetlassens. Wichtig ist, dass das Gefühl immer wieder ausgelöst wird.

Lege also dieses Buch für eine Minute zur Seite und konzentriere dich auf deine schöne Vorstellung! Drei Sekunden einschalten und fühlen, dass es schön ist, und drei Sekunden ausschalten, um es danach dann erneut wieder schön zu finden. Viel Spaß dabei!

Na, wie war der erste Versuch? Hat sich das schöne Gefühl verstärkt in dieser Minute? Machen wir noch einen zweiten Versuch.

Ich hoffe, dir gefällt das Cover dieses Buches. Wenn nicht, such dir irgendeinen Gegenstand, der dir gut gefällt.

Ich gehe einmal davon aus, dass du Geschmack hast und dir mein Cover gefällt! ☺

Schau dir nach der Beschreibung dieser kleinen Übung den Tautropfen am Grashalm für drei Sekunden an und sage dir, dass er ganz nett aussieht! Schau dann für drei Sekunden weg und zerstreue deine Gedanken.

Sieh dir dann erneut das Buchcover an und sage dir, dass es wirklich ganz nett ist. Achte darauf, dass du das, was du sagst, auch empfindest. Schau dann wieder für drei Sekunden weg.

Sieh es dir noch mal an und sage dir, dass es sogar richtig nett ist. Und wieder schaust du für drei Sekunden weg.

Das nächste Mal ist das Cover schon richtig, richtig nett! Und wieder wegschauen.

Jetzt wird das Cover sogar recht schön. Beim nächsten Mal wird es wirklich ziemlich schön. Dann wird es sehr schön, um beim nächsten Mal noch schöner zu werden. Am Schluss ist es dann einfach nur genial! Es ist ja so klasse! Das kann man gar nicht mehr in Worte fassen! ☺

Die Übung ist also ähnlich wie die letzte. Du schaust alle drei Sekunden hin und wieder weg.

Beim Hinschauen steigerst du dein Empfinden von einem schnöden „nett“ über viele kleine Zwischenstufen zum „absolut genial schön“. Lass dir dabei ein paar Minuten Zeit. Ich warte so lange!

Das Cover dieses Buches ist doch einfach nur genial, oder?! Wer das nicht erkennt, muss blind sein! ☺

Wie du siehst, liegt wahre Schönheit im Auge des Betrachters. Jetzt weißt du auch, wie das funktioniert. Man braucht nur ein bisschen Wiederholung und etwas Steigerung. Das sind die Zutaten.

Neurologisch gesehen passiert in deinem Gehirn bei dieser Methode Folgendes: Dein Gehirn produziert jedes Mal Glückshormone, wenn du etwas als schön empfindest. Es ist, als bekämst du eine Glücksspritze. Normalerweise braucht der Körper dann eine Minute, um diese Hormone wieder abzubauen.

Doch die geben wir ihm nicht! ☺

Wir lösen einfach ein paar Sekunden später wieder eine Glückshormonspritze aus, und das immer wieder, bis uns das Blech wegfliegt. Auf diese Art und Weise können wir die Dosis der Glückshormone so weit steigern, wie wir wollen.

Solltest du bei dieser Übung einen Lachanfall bekommen haben oder beim nächsten Mal einen bekommen, dann mach dir darüber keine Sorgen. Das ist normal. Das sind Schutzhormone, die dein Nervensystem vor Überlastung schützen sollen, wenn die Gefühle zu stark werden. Diese Schutzhormone lassen einen gelegentlich etwas albern werden. Das ist nicht schlimm. Sobald dein Nervensystem erkennt, dass nichts passieren kann, wird es damit aufhören und die starken Glücksgefühle zulassen.

Im Ella-Camp (das ist ein zweiwöchiges Glücksseminar) hatten wir einmal einen Teilnehmer, der diese Methode mit allem ausgetestet hat, was nicht niet- und nagelfest war.

Er machte sich ekstatische Gefühle, weil ihm das Essen so gut schmeckte. Er machte sich auf die gleiche Weise eine Glücksekstase, weil er sich nach dem Essen so schön satt fühlte. Er ließ die Schönheit einer Palme ekstatisch werden und so weiter. Am dritten Tag wurde diese Übung immer noch intensiver, was normal ist, denn die Glückshormone können trainiert und dann in immer höherer Dosis ausgeschüttet werden.

Er schaute sich eine eher unscheinbare Lampe an, die im Bungalow hing, in dem er wohnte. Er beschloss, auch diese Lampe schön zu machen.

Nach ein paar Sekunden standen ihm schon die Tränen vor Rührung in den Augen, weil er diese Lampe soooo schön fand!

Am Abend dieses Tages zog er mit ein paar Kumpels los, um an der Strandpromenade etwas zu essen. Als er das Restaurant betrat, kippte er fast aus den Latschen: In diesem Restaurant hingen die gleichen Lampen, die er sich zuvor so schön gemacht hatte. Und nicht nur eine – da hingen gleich zwanzig!

Er brauchte eine Weile, bis er sich im Angesicht dieser geballten Ladung Schönheit wieder beruhigen konnte.

Das Schöne an dieser Methode ist, dass das Nervensystem sich sehr häufig merkt, wie schön wir etwas finden. Es löst dann auf einen Schlag die gesamte Dosis an Glückshormonen aus, die man sich durch die vorherige Wiederholung hochgefahren hatte.

Man kann sich mit dieser Methode also einen richtigen Vorrat an Schönheit ins Leben ziehen – und das nicht nur mit schönen Dingen, die man sich anschauen kann. Genauso gut kann man auch etwas nehmen, was sich schön anfühlt oder gut riecht. Auch eine schöne Stimme oder schöne Musik ist gut geeignet, um sich durch Wiederholung in die Ekstase hineinzusteigern.

Als ich diese Methode entwickelte, experimentierte ich einen Tag lang sehr intensiv damit herum. Ich war wie betrunken vor Glück.

Am nächsten Tag stellte ich etwas fest, was ich bis dahin nie erwartet hätte: Glücklichsein kann tatsächlich anstrengend sein! Ich war richtig müde.

Ich war früher immer auf der Suche nach besonders intensiven Glückserfahrungen gewesen.

Seit diesem Tag kann ich die normalen Glücksmomente des Alltags sehr viel mehr schätzen. Ich weiß, dass ich die extremen Glücksmomente so oft erleben kann, wie ich will. Seitdem habe ich viel mehr Ruhe im Hintern.

Ich renne nicht ständig irgendetwas hinterher, weil es ja noch toller sein könnte als das, was ich jetzt gerade tue. Ich weiß ja, dass ich jederzeit so glücklich sein kann, dass mir die Tränen nur so aus den Augen herausschießen vor Glück, wenn ich das will. Dafür braucht es keine Minute!

Es ist ein schönes Gefühl, das zu wissen. Damit könnte ich mir jetzt glatt eine Ekstase machen! ☺

Kurzbeschreibung der Methode

1. Denke an etwas, was du schön findest.
2. Achte darauf, dass das Gefühl ausgelöst wird, dass es schön ist.
3. Zerstreue deine Gedanken für drei Sekunden.
4. Denke wieder an das Schöne und steigere deine positive Beurteilung dazu.
5. Wiederhole diesen Vorgang so oft, bis du die Beurteilung nachempfinden kannst, dass es nicht nur ganz nett, sondern so richtig mächtig obergenial ist.

8. Mach's größer und heller!

Gibt es etwas, das dir momentan sehr viel bedeutet? Deine Kinder vielleicht? Dein Partner? Deine schöne Wohnung? Dein Auto?

Mir bedeutet es zum Beispiel sehr viel, dass ich dazugehöre. Ich wurde in meiner Jungend immer sehr stark ausgegrenzt. Ich versuchte damals, mit aller Macht dazuzugehören. Doch egal, wie sehr ich mich anstrengte, es klappte nicht. Ich war zu anders!

Als Zwölfjähriger fing ich dann mit Leistungssport an. Dabei erkannte ich sehr schnell, dass man mich eher akzeptierte, wenn ich richtig gut war. Und genau das wurde ab diesem Zeitpunkt zu meiner Lebensphilosophie: Ich wollte richtig gut sein – und wenn irgend möglich sogar der Beste von allen. Nur so konnte ich dazugehören.

Und so war es egal, was ich tat: Ich gab immer alles, um es wirklich gut zu machen. Wenn ich Rollschuh lief, dann vergnügte ich mich nicht, ich trainierte. Wenn ich ins Kino ging, dann genoss ich nicht den Film, ich merkte mir die besten Szenen, die ich anderen Jungs erzählen könnte, die den Film nicht gesehen hatten.

Und so kam es, wie es kommen musste: Ich wurde in allem, was ich tat, ziemlich gut. Ich hatte zwar bei nichts richtig viel Spaß, aber ich war richtig gut.

Als ich anfing, mich für mentale Techniken zur Leistungssteigerung im Sport zu interessieren, erkannte ich, dass mein Umfeld dies als ganz besonders interessant beurteilte. Besonders das Thema Hypnose fesselte die Aufmerksamkeit vieler meiner damaligen Kumpels. Also musste ich unbedingt Hypnose lernen!

Ich lernte wie besessen und wurde immer besser. Mit der Zeit kamen noch ein paar andere mentale Techniken hinzu, die ich ebenfalls aus dem FF beherrschte.

Ich war nun sicher, meinen Weg gefunden zu haben, wie ich so viel Interesse bei meinem Umfeld wecken könnte, dass sie mich so richtig voll und ganz dazugehören ließen.

Eine Weile klappte das auch sehr gut. Ich war

überall gerne gesehen. Ich spürte zwar, dass viele der Nettigkeiten, dic man mir entgegenbrachte, darauf beruhten, dass man mich eventuell noch gebrauchen könnte, aber das war mir egal. Ich gehörte jetzt wenigstens dazu.

Diese Illusion fiel wie ein Kartenhaus zusammen, als ich mit Mitte zwanzig mit meinen damaligen Kumpels zusammensaß und über Raucherentwöhnung gesprochen wurde.

Nun hatte ich mich über dieses Thema nicht nur ausgiebig schlau gemacht, ich hatte auch schon vielen Menschen geholfen, das Rauchen aufzugeben. Also wollte ich meinen kompetenten Senf zur Runde beisteuern.

Meine Ausführungen wurden jedoch mit einem sehr eindeutigen Blick der Gruppe beantwortet. Einer von ihnen meinte dann:

„Bodo, wir wollten uns eigentlich einfach einmal ganz belanglos so unter uns unterhalten!“

Von diesem Moment an brach meine ganze Lebensphilosophie zusammen. Ich hatte die ganze Zeit daran gearbeitet, richtig gut zu sein. Vor allem wollte ich richtig Ahnung haben. Ich wollte ein Mensch sein, den jeder gerne in seinem Umfeld hat, weil er immer einen Rat für einen hat. Ich wollte mit einem Wort der Beste sein. Das war doch der einzige Weg, wirklich dazuzugehören!

Ich musste in dieser Situation erkennen, dass ich in meinem Übereifer zu weit gegangen war. Ich war zweifellos in vielen Dingen der Beste geworden. Doch ich war schon so gut, dass ich mich selbst ins Abseits gestellt hatte. Ich hatte die anderen so weit überholt, dass ich jetzt nicht mehr dazugehörte, weil ich in der Profiliga spielte und meine Kumpels in der Amateurliga. Man ließ mich also nicht mehr dazugehören, weil ich zu gut war! Damit hatte ich nicht gerechnet.

Diese Erkenntnis befreite mich auf einen Schlag von meinem damaligen krankhaften Ehrgeiz.

Mittlerweile ist dies alles längst kein Thema mehr für mich. Ich gehöre jetzt dazu. Ich hörte damals einfach auf, mich anzustrengen, und plötzlich klappte alles.

Was mir aus dieser Zeit geblieben ist, ist die

Wertschätzung des Dazugehörens. Es bedeutet mir sehr viel. Egal, ob es um meine Beziehung, meine Familie, meine Freunde oder meine Mitstreiter im Ella-Kensington-Team geht.

Vielleicht gibt es in deinem Leben auch etwas, das dir sehr viel bedeutet. Etwas, das dir sehr schöne Gefühle schenkt, wenn du daran denkst. Denke bitte einmal daran!

Mach dir jetzt aus diesem Gedanken eine bildhafte Vorstellung. Ich sehe zum Beispiel den Kreis meiner Freunde, dich mich mit offenen Armen empfangen. Dieses Bild gibt mir das Gefühl, dazuzugehören.

Welche bildhafte Vorstellung spiegelt das wider, was dir so viel bedeutet? Stell es dir möglichst plastisch vor deinem geistigen Auge vor!

Und jetzt mach dieses Bild einmal etwas heller! Gibt ihm vielleicht sogar etwas Glanz und lasse es leuchten. Mach es dann vor deinem geistigen Auge größer. Mach es richtig groß! Richtig groß und hell.

Wie verändert sich die Intensität deines Gefühls, wenn du das tust? Wird dein Gefühl stärker?

Machen wir die Gegenprobe. Mach das Bild vor deinem geistigen Auge mal wieder kleiner und dunkler. Wie intensiv ist das Gefühl jetzt noch? Ist es schwächer geworden? Bei den meisten Menschen funktioniert das so.

Versuchen wir noch eine kleine Variante dazu. Schiebe das Bild einmal in deiner Vorstellung ganz weit weg. Lass es dabei dunkel. Und nimm die Farbe heraus. Mach also ein dunkles, weit entferntes Schwarzweißbild daraus.

Wie wichtig ist dir das Thema noch, wenn du das Bild in dieser Weise siehst? Hast du dann noch ein intensives Gefühl dazu?

Wenn nicht, dann zieh das Bild jetzt einmal ganz nah zu dir heran. Mach es langsam. Und während das Bild näher kommt, machst du es heller und farbiger – so lange, bis es leuchtet und glänzt.

Wie fühlt es sich jetzt an? Ist es wieder intensiver? Bei fast allen Menschen ist dies der Fall. Ist es bei dir auch so?

Schalte dieses Bild jetzt einmal komplett aus!

So, als hättest du eine Fernbedienung, mit der du das Programm auf dem inneren Bildschirm deines Geistes wählen kannst.

Wenn du das Bild gleich wieder anschaltest, ist es weit weg und dunkel. Dann drückst du auf den entsprechenden Knopf auf deiner Fernbedienung, und das Bild kommt näher und wird dabei heller. Es braucht ca. ein bis zwei Sekunden, bis es ganz nah und leuchtend ist. Diese zwei Sekunden sind wichtig. Wenn du es noch nicht so schnell kannst, dann übe noch etwas, bevor du weitermachst.

Schalte das Bild jetzt wieder ab, um es danach erneut wieder weit entfernt und dunkel anzuschalten. Du darfst wohlgemerkt nie sehen, wie es sich von dir entfernt oder dunkler wird. Das würde den Effekt umkehren. Und das wollen wir ja nicht. Wir wollen das Gefühl verstärken.

Wiederhole diesen Prozess fünf Mal. Schalte das Bild weit entfernt und dunkel an und lass es dann innerhalb eines Zeitfensters von ein bis zwei Sekunden näher kommen und heller werden. Dann schaltest du es wieder aus und beginnst von vorn.

Ich warte so lange, bis du fertig bist! ☺

Wie fühlst du dich jetzt, wenn du an das denkst, was dir so viel bedeutet? Ist es jetzt noch schöner geworden? Ist das Gefühl noch intensiver?

Wenn du es noch stärker haben willst, dann mach das Ganze noch einmal mit fünf Wiederholungen.

Du kannst auf diese Weise alles in deinem Gefühl sehr viel bedeutender und wichtiger machen.

Wenn du die richtigen Themen auswählst, kann diese Methode dir unendlich tiefe Glücksmomente bescheren.

Auch kannst du damit eine eingerostete Liebe wieder zum Leben erwecken oder deine Lust und Leidenschaft wieder stärker aktivieren.

Unter den Testlesern dieses Buches waren mehrere Paare. Einige dieser Paare verwendeten diese Methode dafür, um sich wieder Hals über Kopf ineinander zu verlieben. Das ist echt genial. Du müsstest sie mal sehen! Da geht einem echt das Herz auf!

Sie haben die Liebe zu ihrem Partner mit dieser Methode wieder total bedeutungsvoll gemacht. Das Ergebnis ist eine Liebe wie in den ersten Tagen. Ich kann mir nicht vorstellen, dass diese Paare jemals wieder zulassen werden, dass der Alltag Einzug in ihre Liebe hält. Ganz bestimmt nicht!

Ich kann dir nur empfehlen, das Gleiche zu tun, was sie getan haben. Mach dir ein Bild von der Liebe zu deinem Partner und lass es wiederholt schnell näher kommen und dabei heller werden. Danach wirst du dein Schatzi mit anderen Augen sehen!

Ich wünsche dir, dass du bald mal wieder weinst vor Glück! ☺

Kurzbeschreibung der Methode

1. Denke an etwas Schönes, das dir viel bedeutet.
2. Mach dir davon eine bildhafte Vorstellung.
3. Schalte diese Vorstellung auf deinem inneren Bildschirm wieder aus.
4. Schalte das Bild dunkel und an einem weit entfernten Ort wieder an.
5. Zieh das Bild innerhalb von ein bis zwei Sekunden nah an dich heran und mach es dabei hell.
6. Wiederhole Schritt 3 bis 5 fünf Mal direkt hintereinander.
7. Wenn du das Gefühl noch weiter verstärken willst, dann wiederhole Schritt 6 noch einmal.

9. Wo ist das Gefühl?

Du weißt doch noch, wie sich Liebe anfühlt?! Kannst du dir vorstellen, wie es sich anfühlen würde, wenn du jetzt gerade wieder Liebe fühlen würdest?

Wo in deinem Körper spürst du diese Liebe eigentlich? Spürst du sie im Bauch oder in der Brust?

Die meisten Menschen empfinden Liebe an diesen Stellen im Körper. Wo genau ist das Gefühl also bei dir? Wenn du es nicht genau spüren kannst, dann rate einfach. Wo genau würdest du die Liebe vermutlich fühlen, wenn du es genau fühlen könntest?

Welche Ausdehnung hat dieses Gefühl an dieser Stelle? Ist es eher klein oder eher groß? Hat es die Fläche einer Münze, oder ist das Gefühl eher so groß wie ein Fußball? Wie groß ist das Gefühl der Liebe also genau? Leg einmal deine Hand darauf und fühle es!

Ist das Gefühl eher schwer oder eher leicht?

Fühl einmal genau hin!

Wie würdest du die Art dieses Gefühls beschreiben? Ist es ein Kribbeln, ein wohliges Strömen, ein Druck, ein Zug, ein Pochen, ein Blubbern oder ein Vibrieren?

Ist es eher angespannt oder eher entspannt?

Ist es eng oder weit?

Ist es elastisch oder starr?

Ist es eher kühl oder warm?

Dehnt sich das Gefühl weiter aus, oder bleibt es an Ort und Stelle?

Ist es ein intensives Körpergefühl oder eher weniger intensiv? Verändert sich die Intensität, oder bleibt sie die ganze Zeit gleich?

Lies diese Fragenliste jetzt bitte noch einmal von vorn und merke dir, wie sich die Liebe bei dir anfühlt. Ich warte hier so lange! ☺

Kennst du eigentlich das Autogene Training? Da stellt man sich so lange vor, ein Arm wäre schwer, bis man ihn tatsächlich als schwer empfindet. Das geht manchmal sogar so weit, dass man den Arm gar nicht mehr hochheben kann!

Genau das Gleiche kannst du mit dem Körpergefühl tun, das du hast, wenn du Liebe fühlst. Stell es dir so lange vor, bis du es deutlich fühlen kannst. Du wirst dich wundern, denn in diesem Moment wirst du tatsächlich starke Liebe empfinden.

Dein Gehirn erkennt an den Körpergefühlen, die du dir vorstellst, dass du liebst. Damit schüttet es die entsprechenden Glückshormone aus. Dies ist ein unwillkürlicher Prozess, der immer funktioniert.

Genau wie ein Mensch, der häufig Autogenes Training betreibt, kannst du das Körpergefühl der Liebe mit etwas Übung innerhalb einer Sekunde aktivieren. Das ist ganz einfach. Du brauchst nur daran zu denken, wie sich deine Liebe im Körper anfühlt, und schon ist sie da. Das braucht tatsächlich nur eine Sekunde! Zumindest dann, wenn du ausreichend Übung hast.

Du kannst also immer und überall so glücklich sein, wie du nur willst. Der Intensität deines Gefühls ist bei dieser Methode keine Grenze gesetzt. Hör einfach auf, wenn dir vor Glück schwindelig wird! ☺

Jetzt brauchst du nur noch ein bisschen Übung, und dann wird abgesmiled bis zum Abwinken.

Nehmen wir uns noch ein paar andere Gefühle vor, damit du dich mit dieser Methode noch etwas besser vertraut machen kannst.

Freude ist doch auch ein tolles Gefühl! Wo in deinem Körper fühlst du Freude? Im Allgemeinen tauchen Gefühle im Bauch, in der Brust oder irgendwo entlang der Mittelachse auf.

Welche Ausdehnung hat die Freude an dieser Stelle? Wie groß ist das Gefühl genau? Leg deine Hand darauf und fühle es!

Wie würdest du die Art dieses Gefühls beschreiben? Ist es ein Kribbeln, ein wohliges Strömen, ein Druck, ein Zug, ein Pochen, ein Blubbern oder ein Vibrieren?

Ist das Gefühl schwer oder leicht?

Ist es angespannt oder entspannt?

Ist es eng oder weit?

Ist es elastisch oder starr?

Ist es eher kühl oder warm?

Dehnt sich das Gefühl weiter aus, oder bleibt

es an Ort und Stelle?

Wie intensiv ist das Körpergefühl?

Verändert sich die Intensität, oder bleibt sie die ganze Zeit gleich?

Merke dir, wie sich die Freude bei dir anfühlt, und stell dir diese Körpergefühle vor. Übe mit dieser Vorstellung so lange, bis du mühelos jederzeit starke Freude auslösen kannst. Das kann einige Tage dauern.

Übe nicht länger als zehn Minuten am Stück. Bald wirst du nur noch eine Sekunde brauchen, um deine Glücksgefühle auszulösen.

Der zweite Schritt beim Autogenen Training nach der Vorstellung von Schwere besteht darin, sich Wärme vorzustellen. Den meisten Menschen gelingt dies sehr schnell, wenn sie erst einmal die Schwere fühlen können.

Genauso ist es auch mit den Glücksgefühlen. Das erste Körpergefühl ist das Schwierigste. Mit jedem weiteren Gefühl wird es immer leichter.

Ich kann dir versichern, dass diese Methode die Mühe des Übens lohnt. Sie funktioniert prächtig – und das immer und überall, wenn man nicht gerade in seinen Problemen versumpft ist.

Problemlösung soll jedoch nicht Gegenstand dieses Büchleins sein. Wenn du diesbezüglich etwas tun willst, dann empfehle ich dir mein neuestes Buch. Es heißt **Die Glückstrainer** und ist ebenfalls im Ella Kensington Verlag erschienen. Hier wird auf 400 Seiten sehr umfassend ein Glückskonzept beschrieben, mit dem du fast jedes Problem aus der Welt schaffen und zu einem wahrhaft glücklichen Leben finden kannst.

Weiterhin erfährst du dort, wie du deinen Mitmenschen helfen kannst, ihren Weg zu einem wirklich glücklichen Leben zu finden. Dafür brauchte es wie gesagt 400 Seiten.

Dieses Lebenskonzept sprengt damit sicherlich den Rahmen dieses kleinen Glücksbüchleins und wird daher hier nicht behandelt.

Glücklicherweise hat man ja nicht ständig Probleme. Zumindest hat es nicht immer einen Sinn, sich um seine Probleme zu kümmern. Wenn man gerade sowieso nichts tun kann, dann kann man auch die Zeit darauf verwenden, glücklich zu sein. Wenn man glückliche Gefühle hat, kann man seine Probleme sowieso sehr viel besser lösen. Nachweislich steigt unsere geistige Leistungsfähigkeit auf 200 Prozent unserer normalen Möglichkeiten, wenn wir uns gerade richtig glücklich fühlen, wie die Wissenschaft unlängst herausgefunden hat.

Tu also etwas Sinnvolles, wenn du ein Problem lösen musst, und mach dir erst einmal gute Gefühle. Nutze auf diese Art und Weise dein vollständiges geistiges Potenzial, und vor allem sei so glücklich, wie es gerade nur irgend möglich ist. Du wirst sehen, dass dein Leben dadurch sehr viel schöner und einfacher wird.

Ein gutes Gefühl, wenn man ein Problem lösen will, ist das Gefühl, fähig zu sein.

Weißt du, wie es sich anfühlt, wenn du dich so richtig fähig fühlst? Wo in deinem Körper spürst du dieses Gefühl?

Leg deine Hand darauf und fühle es!

Wie würdest du die Art dieses Gefühls beschreiben? Ist es ein Kribbeln, ein wohliges Strömen, ein Druck, ein Zug, ein Pochen, ein Blubbern oder ein Vibrieren?

Ist das Gefühl schwer oder leicht?

Ist es angespannt oder entspannt?

Ist es eng oder weit?

Ist es elastisch oder starr?

Ist es eher kühl oder warm?

Dehnt sich das Gefühl weiter aus, oder bleibt es an Ort und Stelle?

Wie intensiv ist das Gefühl?

Bleibt die Intensität immer gleich, oder verändert sie sich?

Weißt du jetzt, wie es sich im Körper anfühlt, wenn du dich fähig fühlst?

Solltest du mal wieder ein Problem zu lösen haben, dann stell dir zuvor erst einmal die Körpergefühle des Fähigfühlens vor. Wenn man sich fähig fühlt, dann sind Probleme plötzlich keine Probleme mehr. Dann sind es einfach nur noch Aufgaben.

Wahre Probleme gibt es sowieso immer nur mit Männern. Alles andere sind Aufgaben, die man lösen kann! ☺

Kurzbeschreibung der Methode

1. Wähle ein Gefühl aus, das du häufig erleben möchtest.
2. Wo spürst du dieses Gefühl?
3. Wie groß ist die räumliche Ausdehnung?
4. Ist es ein Kribbeln, ein Zug oder ein Druck?
5. Ist es angespannt oder entspannt?
6. Ist es eng oder weit?
7. Ist es elastisch oder starr?
8. Ist es eher kühl oder warm?
9. Dehnt sich das Gefühl weiter aus oder bleibt es an Ort und Stelle?
10. Wie intensiv ist das Körpergefühl?
11. Verändert sich die Intensität?
12. Merke dir dein Körpergefühl für diese Emotion und übe damit täglich 10 Minuten.

10. Lade auf, was du trinkst!

Wir haben im Camp vor kurzem einmal ein kleines seltsames Experiment gemacht. Jemand meinte, dass man Wasser mit Emotionen aufladen könne. Er sagte, dass man dies mittlerweile wissenschaftlich untersucht und sichtbar gemacht habe. Wasser, das mit unterschiedlichen Emotionen aufgeladen werde, bilde beim Gefrieren unterschiedliche Eiskristalle. Er hatte sogar mikroskopische Bilder von solchen Kristallen dabei.

Interessanterweise sahen diese Kristalle sehr schön aus, wenn das Wasser mit Liebe oder anderen positiven Emotionen aufgeladen wurde. Wurde das Wasser jedoch mit Wut und Hass aufgeladen, waren die Kristalle ausnahmslos hässlich.

Wir machen also den Reality-Test im Camp. Wir bestellten uns im Restaurant, in dem wir gerade saßen, zwei gleiche Gläser mit dem gleichen Wasser. Es schmeckte auch absolut gleich.

Dann schauten wir uns alle das erste Glas an und stellten uns vor, wir würden es mit Liebe aufladen. Nach einer Minute wendeten wir uns dem zweiten Glas zu. Dieses wurde übelst beschimpft. Wir hassten das Wasser, so stark wir konnten.

Danach wurde getestet. Die Gläser wurden vertauscht, ohne dass der jeweilige Tester wissen konnte, welches nun welches Wasser war. Das Ergebnis war umwerfend. Alle zehn, die bei diesem Experiment dabei waren, schmeckten einen Unterschied – und alle den gleichen!

Das *liebe* Wasser schmeckte weich und süßlich, das *böse* Wasser hingegen hart, steinig und etwas bitter.

Das Wasser dieser beiden Gläser war nicht mehr vergleichbar miteinander. Das war unglaublich.

Wir baten jeden aus dem Camp, der zur Tür hereinkam, ebenfalls diesen Test zu machen. Wir sagten diesen Leuten jedoch nicht, was wir getan hatten. Wir sagten nur, sie sollten einmal kosten, welches Wasser nun besser schmecke.

Die Wahl war einstimmig. Bei all diesen Leuten war kein Einziger dabei, der den Unterschied nicht schmeckte und der sich nicht sofort für das *liebe* Wasser entschied.

Einen Tag später wiederholten wir dieses Experiment in der Cocktailbar – dieses Mal allerdings mit Sangria. Und dieses Mal wählten wir sehr viel mehr Emotionen aus, mit denen wir die Sangria aufladen wollten.

Meine wurde mit Lust und Leidenschaft aufgeladen. Sie schmeckte sehr gut – viel fruchtiger und süßer als zuvor. Vom Alkohol schmeckte man fast gar nichts mehr. Und das ist eine Kunst, denn diese Sangria ist magisch. Nach einem Glas bin ich immer völlig hinüber!

Das Glas von Romina, meiner Partnerin, luden wir mit Gesundheit auf. Sie hatte ein leichtes Kratzen im Hals und wollte gesund bleiben. Ihre Sangria war danach völlig ungenießbar. Sie schmeckte wie Hustensaft.

Auch dieses Mal ließen wir Leute testen, die nichts von unserem Experiment mitbekommen hatten. Wir fragten sie nur, welche Sangria besser schmecke. Alle sagten, dass Rominas Sangria völlig ungenießbar sei.

Die anderen Gläser luden wir mit Liebe, Verbundenheit, Lebensfreude und allen möglichen anderen guten Gefühlen auf.

Mir schmeckte am besten die Lust und Leidenschaft, anderen besser die Liebe, wieder anderen die Lebensfreude.

Eines wurde an diesem Abend in der Cocktailbar auf jeden Fall klar: Wir waren alle mächtig gut drauf. Und ich bin sicher, dass das nicht nur am Alkohol gelegen hat.

Es ist aber auch nicht wichtig, ob und was genau mit dem passiert, was man mit positiven Emotionen auflädt. Allein das Aufladen macht Glücksgefühle ohne Ende. Man stellt sich die Gefühle für eine Minute so intensiv vor, dass man sowieso schon glücklich ist. Und jedes Mal, wenn man wieder einen Schluck trinkt, wird man an dieses Gefühl erinnert.

Versuch es einfach einmal selbst – am besten mit mehreren Leuten gleichzeitig. Nehmt euch etwas Leckeres zu trinken (alle das Gleiche!) und haltet eure Hände darüber. Einigt euch auf eine Emotion, mit der ihr den Glasinhalt aufladen wollt, und stellt euch vor, diese Emotion würde aus euren Händen herausstrahlen und die Flüssigkeit aufladen.

Ladet jedes Getränk mit einer anderen Emotion auf und testet den Unterschied. Ihr werdet sehen, es funktioniert wirklich. Vor allem werdet ihr euch an diesem Abend sehr wohl fühlen, wenn ihr ständig jedes neue Getränk, das ihr bekommt, mit neuen positiven Emotionen aufladet. ☺

Kurzbeschreibung der Methode

1. Einigt euch auf eine Emotion, mit der ihr das Getränk aufladen wollt.
2. Haltet die Hände über das Glas und stellt euch vor, wie eure Hände die Emotion ausstrahlen.
3. Stellt euch vor, wie die Flüssigkeit diese Emotion aufnimmt.
4. Testet den Geschmack.
5. Ladet jedes neue Getränk mit einer anderen positiven Emotion auf.
6. Hört auf, wenn ihr sturzbesoffen seid, und fahrt mit dem Taxi nach Hause! ☺

Das Glückstrainer®- Konzept

Wie du siehst, kannst du tatsächlich eine Menge für deine Glücksgefühle tun. Doch die zehn einfachen Methoden dieses Buches sind nur ein bescheidener Ansatz von dem, was tatsächlich möglich ist!

Ich habe jetzt einunddreißig Jahre damit zugebracht, einfache Wege zu Glück und Erfolg zu finden. Seit elf Jahren werde ich dabei von einem immer größer werdenden Glücksexperten-Team unterstützt.

Wir haben uns unter der Markenbezeichnung Glückstrainer® zusammengetan, um die neusten Erkenntnisse der wissenschaftlichen Glücksforschung mit unseren eigenen Praxiserfahrungen der letzten elf Jahre in Einklang zu bringen, die wir mit bislang ca. 30.000 Seminarteilnehmern machen durften.

Als wir Mitte der neunziger Jahre anfingen, unser heutiges Glückskonzept zu entwickeln, beschäftigte uns erst einmal eine sehr einfache Frage: „Was macht uns Menschen wirklich glücklich?"

Wir fanden hierzu zunächst jedoch nur sehr widersprüchliche Antworten in der wissenschaftlichen, psychologischen und philosophischen Literatur.

Ende der neunziger Jahre, wir hatten die Hoffnung auf eine allgemeingültige Antwort schon fast aufgegeben, machten wir plötzlich eine unerwartete Entdeckung.

Damals gehörte es zu unserem Glückskonzept, den Ursachen von Problemen auf den Grund zu gehen. Löst man ein oberflächliches Problem, gibt es nämlich oft eine Symptomverschiebung, und es entsteht sofort ein neues Problem, was das alte ersetzt. Das wollten wir natürlich vermeiden. Wir suchten daher mit jedem unserer Klienten nach der wirklichen Ursache seines Problems. Damit wollten wir das Übel an der Wurzel packen.

Und so hinterfragten wir die persönlichen Probleme und Ziele unserer Klienten und stellten dabei fest, dass hinter jedem Problem ein noch elementareres Problem und hinter jedem Ziel ein noch höheres Ziel steckte. Über einen Zeitraum von zwei Jahren, in denen über dreitausend

Klienten auf diese Weise befragt wurden, kristallisierte sich völlig unerwartet etwas ganz Unglaubliches heraus: Die Probleme dieser dreitausend Menschen bauten ohne Ausnahme auf die gleichen grundsätzlichen Zielsetzungen auf – sieben an der Zahl. Wir gaben diesen sieben Zielsetzungen den Namen Grundmotive, um einen Unterschied zu allen anderen Zielsetzungen zu machen.

Mit diesen sieben Grundmotiven hatten wir, ohne es zu beabsichtigen, tatsächlich unsere Antwort gefunden. Jetzt waren wir nicht mehr auf widersprüchliche Theorien angewiesen. Unsere Beratungspraxis hatte uns gezeigt, was den Menschen wirklich glücklich macht.

Nach kurzer Zeit wurde dann sogar klar, dass wir nicht nur die Grundmotive des Menschen gefunden hatten, sondern auch gleichzeitig die jedes anderen Säugetiers auf unserer Erde. Wir hatten die Ziele unserer Grundinstinkte entdeckt, denen wir alle unsere Gefühle verdanken, und die bei allen Säugetieren sowie auch dem Menschen identisch sind.

Die Art unserer Befragung, mit der wir auf diese Grundmotive gestoßen sind, ist sehr leicht nachzuvollziehen.

Die meisten Menschen machen sich zum Beispiel Stress, wenn sie zu ihrem Chef gerufen werden. Der Chef könnte ja unzufrieden mit ihnen sein. Warum aber wäre das denn überhaupt ein Problem? Soll er doch unzufrieden sein!

„Es wäre ein Problem, weil er mich entlassen könnte", antworteten unsere Klienten zum Beispiel auf diese Frage.

„Und warum wäre das ein Problem?! Das wäre doch klasse! Dann hättest du mehr Freizeit!", könnte der Glückstrainer im Scherz provokativ geantwortet haben.

„Und kein Geld mehr!", würde der Klient hinzufügen.

„Und warum wäre das ein Problem?"

„Weil ich dann meine Miete nicht mehr zahlen könnte."

„Und warum wäre das ein Problem?"

„Weil ich dann auf der Straße landen würde."

„Und warum wäre das ein Problem?“

„Weil ich irgendwas essen muss, wenn ich am Leben bleiben will. Und weil ich in einer kalten Winternacht erfrieren könnte.“

Genau diese Art der Befragung war damals Bestandteil unseres Glückskonzeptes. Wir fragten penetrant so lange weiter, bis die Klienten merkten, dass sie die tatsächliche Ursache ihrer Problemgefühle gefunden hatten.

Wie gesagt fiel uns dann irgendwann auf, dass wir bei allen dreitausend Klienten auf die gleichen sieben Ursachen stießen. Seitdem wurde noch kein einziges Problem gefunden, das nicht auf eines oder mehrere der sieben Grundmotive aufbaute.

Wir wollen zum Beispiel Menschen finden, die zu uns passen. Das ist eines der sieben Grundmotive. Dann wollen wir, dass uns diese Menschen mögen oder sogar lieben. Weiterhin wollen wir Schutz vor Gewalt, die zum Beispiel von Raubtieren und feindlichen Menschen ausgehen könnte, und wir wollen absichern, dass wir genug zu essen haben sowie einen warmen und trockenen Schlafplatz. Dann wollen wir noch die Entscheidungsfreiheit über unser eigenes Handeln, Einflussmöglichkeiten auf andere Menschen, und als letztes und siebtes Grundmotiv wollen wir sexuelle Befriedigung, wofür man glücklicherweise ja nicht immer einen anderen Menschen braucht.

Der Gag bei der ganzen Angelegenheit ist der, dass alle unsere sieben Grundmotive in Wirklichkeit so gut wie immer erfüllt sind. Doch das kapieren unsere Grundinstinkte oft nicht.

Die Zivilisation der Menschheit hat sich in den letzten Jahrtausenden sehr viel schneller entwickelt, als unsere Evolution voranschreiten konnte. Unsere Instinkte gehen immer noch davon aus, wir lebten in der rauen Urwaldwelt der Steinzeit. Die Gefühle, die uns unsere Instinkte bescheren, würden auch in solch einer Urwaldwelt noch stimmig sein. In unserer modernen Zivilisation, in der wir Gesetze gegen Gewalt und Freiheitsberaubung haben, und in der wilde Raubtiere vorwiegend im Zoo oder im Zirkus zu bewundern sind, sind viele Gefühle, die uns unsere Instinkte machen, einfach widersinnig geworden.

Das Schöne ist, dass wir diese Gefühle sehr einfach korrigieren können. Wir brauchen uns dazu nur die Wirklichkeit von heute im Detail bewusst zu machen. Und genau das ist die Basis unseres Glückskonzeptes: die Wirklichkeit von heute.

Wenn du mehr über unser Konzept wissen möchtest, dann besuch uns doch einmal auf unserer Homepage (www.ella.org).

Hier findest du zum Beispiel unsere so genannten Glückstipps, die wir seit November 2005 per Email versenden. Mti diesem kostenlosen mehrseitigen monatlichen Glückstipp halten wir unsere Leser auf dem aktuellen Stand der Umsetzungsentwicklung bei Ella Kensington. In diesen E-Mails vermitteln wir neues Wissen und bieten einfache Übung zur Umsetzung an.

Auf unserer Homepage (www.ella.org) kannst du dir alle bisher versendeten Glückstipps anschauen sowie dich in unseren Glückstipp-Email-Verteiler eintragen. Der Umfang der archivierten Glückstipps füllt bereits einen dicken Ordner. Es lohnt sich also, einmal bei uns vorbeizuschauen.

Weiterhin findest du auf unserer Homepage ein Archiv von Leser-Fragen zur Umsetzung unserer Lerninhalte, die wir von 2001 bis 2005 beantwortet hatten. In diesen fünf Jahren ist ein umfassendes Sammelwerk für alle Lebensfragen entstanden.

Der Austausch mit anderen Menschen kann den eigenen Weg zum Glück erheblich vereinfachen und verschönern. Daher bietet dir die kostenlose Kontaktbörse auf unserer Homepage die Möglichkeit, Gleichgesinnte zu finden oder dich von ihnen finden zu lassen.

Diese Gleichgesinnten kannst du auch in den privaten Ella-Treffs finden, die überall im deutschsprachigen Raum wie Pilze aus dem Boden schießen. Eine Liste der Kontaktadressen für diese Treffen findest du ebenfalls auf unserer Homepage.

Sollte es in deiner Nähe noch keinen Ella-Treff geben, kannst du natürlich auch gerne einen gründen. Es macht mächtig viel Spaß, mit einer Horde von glücksbegeisterten Menschen den Abend zu verbringen!

Neben all diesen kostenlosen Unterstützungsmaßnahmen bieten wir auf unserer Homepage auch Seminare, Workshops, Einzelberatungen sowie Ausbildung an.

Die effektivste Möglichkeit für deine persönliche Umsetzung unseres Glückskonzeptes ist das neunmonatige Glücksstudium, das wir Wochenend-Camp nennen. Wir machen mit einer Seminarreihe von fünf Wochenendveranstaltungen Glücksnägel mit Köpfen und bieten dir dabei alle Möglichkeiten, um in Sachen Glück und Erfolg zu einer Ausnahmeerscheinung in unserer Gesellschaft zu werden.

Kennst du eigentlich die Symptome der akuten Aufschieberitis? Wir haben festgestellt, dass die meisten Menschen genau wie wir selbst auch unter diesem Phänomen leiden, wenn sie etwas Großes alleine angehen sollen. Deshalb gründen wir am ersten Seminarwochenende des Wochenend-Camps so genannte Synergiegruppen.

Die Ausbildung neuer emotionaler Fähigkeiten sowie die Integration neuer Erkenntnisse in den Alltag gelingen mit Hilfe einer Synergiegruppe um ein Vielfaches leichter und schöner als allein.

Die Teilnehmer einer Gruppe werden während des Glücksstudiums zu guten Freunden, mit denen du dich super verstehst und mit denen du über alles reden kannst. Zurückzufallen in ein weniger glückliches Leben wird so nicht mehr möglich sein, denn das wird deine Synergiegruppe einfach nicht mehr zulassen!

Durch dein persönliches Glück, das du natürlich auch ausstrahlen wirst, werden viele deiner Freunde und Bekannten wissen wollen, was mit dir los ist. Viele werden glauben, dass du frisch verliebt bist! Das ist die Standardfrage, auf die du dich einstellen kannst, wenn du durch unser Training immer glücklicher wirst. Die Standardantwort, die viele Teilnehmer unserer Seminare daraufhin geben, ist: „Ja, ich bin verliebt. Ich weiß nur noch nicht, in wen!“

Es wird dir leichtfallen, dein persönliches Umfeld an deinem Glück teilhaben zu lassen. Und damit tust du dir selbst, deinem Umfeld und auch uns einen riesigen Gefallen.

Das Bewusstsein über die Effektivität unseres Glückstrainings wird sich durch Mund-zu-Mund-Propaganda am besten verbreiten. Und wenn alle, die durch unser Training glücklicher geworden sind, dabei mithelfen, dieses Glück auch anderen Menschen zugänglich zu machen, dann werden wir gemeinsam die Welt um ein gutes Stück glücklicher machen. Ich freu mich drauf.

Ich wünsche dir ein oberabgefahrenes glückliches Leben und Glücksgefühle bis zum Abwinken.

Bodo

Kontakt und Buchbestellung

Alle Ella-Kensington-Bücher sind über den Buchhandel erhältlich. Du kannst sie jedoch auch direkt auf unserer Homepage oder bei der angegebenen Kontaktadresse bestellen.

Die Bestellung über unsere Homepage geht ganz einfach! Einfach nur den Button „Bücher" und dann „Buchbestellung" anklicken und das gewünschte Buch aus der Liste auswählen. Dann nur noch deinen Namen und deine Adresse eintragen, und schon ist das Buch unterwegs zu dir. Es wird noch am gleichen Tag zusammen mit einer Rechnung losgeschickt. Du hast dann zwei Wochen Zeit, den Rechnungsbetrag auf unser Konto zu überweisen.

Genauso läuft es auch mit der Buchbestellung per Fax oder Postkarte.

Bei allen Bestellarten entstehen dir keine zusätzlichen Kosten. Porto und Verpackung gehen auf uns. Die Bücher werden dir also versandkostenfrei zugeschickt.

Kontakt

Informationen über Seminare, Beratungen und das Ella-Camp erhältst du im Internet unter www.ella.org oder beim Ella Kensington Verlag.

Kontaktadresse:	**Ella Kensington Verlag** **Rehstr. 7** **66701 Beckingen**
Fax:	**06832 801399**
Homepage:	**http://www.ella.org**

Bücher von Ella Kensington

Mary — Die unbändige, göttliche Lebenslust

„Das beste Buch der Welt gegen Liebeskummer und schlechte Stimmung", schreibt Bärbel Mohr in ihrem Buch: „Bestellungen beim Universum".

Michael, unsterblich verliebt und von Selbstzweifeln zerfressen, hat nur von einem genug im Leben: nämlich von Problemen. Seine Geschichte und wie er spielend zu einer glücklichen Lebenseinstellung findet, ist verknüpft mit der Geschichte eines Wesens, das aus einer anderen Welt auf die Erde kommt, um das Menschsein zu erlernen. Dabei muss es als Erstes einmal erkennen, dass die Menschen so etwas wie Probleme haben. Es hat keine Ahnung, wie das funktionieren soll, findet es aber überaus spannend.

Robin und das Positive Fühlen

Es gibt Momente im Leben, in denen wir so glücklich sind, dass wir am liebsten die ganze Welt umarmen würden. Egal, wie das Wetter ist, für uns scheint die Sonne. Egal, wie schwierig anderen eine Aufgabe erscheinen mag, für uns ist sie einfach. Wir fühlen uns motiviert, sind begeistert, reißen andere mit und wissen aus tiefster Seele, dass wir so, wie wir sind, voll und ganz richtig sind. Wir fühlen uns schön und attraktiv, merken dabei auch, wie andere Menschen sehr positiv auf uns reagieren. Ja, in diesen Paradiessekunden gehört uns die Welt!

Warum sollten wir etwas tun, um solche Momente sehr viel häufiger zu erleben? Ganz einfach: Weil wir es können! Dieser packende und mystische Liebesroman verrät in allen Einzelheiten wie. Robin und das Positive Fühlen stellt die Fortsetzung des Bestsellers *Mary* dar und beinhaltet den neusten Stand unseres Umsetzungskonzeptes.

Robin und das Positive Fühlen erscheint voraussichtlich im Frühjahr 2008.

Die Glückstrainer

Wie man bei sich und anderen die guten Gefühle entstehen lässt

In den letzten Jahrzehnten hat sich die Wissenschaft sehr ausgiebig mit den Themen Glück und Erfolg auseinander gesetzt und ist zu außerordentlich bemerkenswerten Ergebnissen gelangt.
Wer sich diese Erkenntnisse zu Nutze macht, wird bei dem Wettlauf ums persönliche Glück immer die Nase vorn haben. Er wird Glück und Erfolg auf einem Niveau erleben, das nur sehr wenige Menschen überhaupt für möglich halten.
Dieses Buch ist ursprünglich geschrieben worden, um professionellen Trainern und Beratern neue Möglichkeiten aufzuzeigen. Bedingt durch die Einfachheit des Konzeptes wurde jedoch sehr schnell klar, dass es sich ebenso für alle Menschen eignet, die sich selbst und anderen Menschen zu einem wahrhaft glücklichen Leben verhelfen wollen.

Glücksmomente

Die Grundregeln des Glücks

Wenn ich als Tennisspieler meinen Aufschlag verbessern will, kann ich trainieren. Wenn ich meine Fähigkeiten als Sänger verbessern will, kann ich trainieren.

Was aber ist, wenn ich glücklicher werden will? Kann ich das auch trainieren?

Du findest in diesem Buch ein sehr effektives und leicht zu erlernendes Glückstraining, mit dem bereits mehrere Tausend Seminarteilnehmer ihr Glücksempfinden dauerhaft und stabil auf ein sehr viel höheres Niveau bringen konnten.

Die einzelnen Übungen stellen eine konsequente Weiterführung unseres Glückskonzeptes dar, das in „Die Glückstrainer“ beschrieben wurde. Obwohl dieses Buch damit sozusagen die Fortgeschrittenen-Version darstellt, ist es als eigenständiges Werk konzipiert. Die einzelnen Übungen können daher auch ohne Vorkenntnisse umgesetzt werden.

Mysterio

Überlege Dir gut, was Du Dir wünschst! Es könnte in Erfüllung gehen!

Im Internet taucht ein mysteriöses Spiel auf, das von 20 000 Menschen aus aller Welt gespielt wird. Alle Spieler haben in Verbindung mit diesem Spiel sehr seltsame Erlebnisse. Am Anfang glauben sie noch, diese Erlebnisse seien nur Zufall. Später denken sie, das Spiel habe magische Kräfte. Am Ende erkennen sie jedoch, dass dieses Spiel in ihnen verborgene Fähigkeiten aktiviert hat. Es ist ein Trainingsprogramm, das zur Nutzung des gesamten menschlichen Potenzials führt. Dieses Spiel wurde von einer höheren Intelligenz in das Internet eingespielt und dient dem Einläuten des neuen Zeitalters.

Die Spieler machen viele übersinnliche Erfahrungen. Sie finden früher oder später auf rätselhafte Weise zusammen und erkennen, dass sie gemeinsam eine bestimme Aufgabe für die Menschheit zu erfüllen haben.

Die 7 Botschaften unserer Seele

Ich bin, was ich erlebe
Ich erlebe, was ich denke
Ich denke, was ich fühle
Ich fühle, was ich glaube
Ich glaube, was ich will
Ich will, was ich liebe
Ich liebe, was ich bin

Joe erhält auf abenteuerlichem Wege Kontakt zu seiner Seele, die er jeden Abend zu den Geschehnissen des Tages befragt. In sieben aufeinander aufgebauten Lektionen bringt ihm seine Seele bei, wie er es anstellen kann, jeden Tag in seinem Leben zu einem Tag reiner Freude werden zu lassen.

Die Kammer des Wissens

In nicht allzu ferner Zukunft leben die Menschen im Inneren der Erde. Die Erdoberfläche wurde bei einem atomaren Krieg für alle Zeiten unbewohnbar gemacht. Nur einige Millionen Menschen überlebten.

Ronja wird in unsere Zeit zurückgeschickt, um diesen Krieg ungeschehen zu machen. Doch es kommt alles anders als geplant. In einem dramatischen Wettlauf gegen die Zeit sucht sie zusammen mit zwei Gefährten nach der legendären Kammer des Wissens. Nur mit dem Inhalt dieser Kammer kann der Krieg verhindert werden. Dummerweise nützt dieser Inhalt jedoch nur etwas, wenn die drei es schaffen, nur noch glückliche Emotionen zu haben. Für diese Suche und das Erreichen ihrer glücklichen Emotionen haben sie genau eine Woche Zeit!

Auf ihrer Suche stoßen die drei auf ungeheuerliche Wahrheiten über den Aufbau unserer Wirk-

lichkeit – Wahrheiten, die alles in den Schatten stellen, was sie bisher über das Leben glaubten.
Die Wahrheiten, auf welche unsere drei Titelhelden stoßen, entsprechen den Erkenntnissen der modernen Naturwissenschaft. Diese Erkenntnisse legen nahe, dass wir uns das Leben in vielen Bereichen erheblich leichter machen könnten.
In die Geschichte dieses Buches sind wahre Begebenheiten eingeflochten.
Dem Leser bietet dieses Buch die Möglichkeit, sowohl in ein neues Verständnis der Welt als auch in die Geheimnisse wahrer Liebe und eines glücklichen Lebens einzutauchen.

Buchempfehlungen

Wärmstens an Herz legen möchte ich dir die Bücher von Bärbel Mohr.

Bisher erschienen:

- **Bestellungen beim Universum**
- **Der kosmische Bestellservice**
- **Universum und Co.**
- **Reklamationen beim Universum**
- **Nutze die täglichen Wunder**
- **Der Wunschfängerengel**

In einer sehr humorvollen und erfrischenden Art und Weise zeigt Bärbel eine sehr einfache Möglichkeit zur Wunscherfüllung. Sie bestellt einfach beim Universum, was sie sich wünscht! Ungewöhnlicherweise gehen diese Wünsche auch noch sehr häufig in Erfüllung.

Wie sie das anstellt und was dabei zu beachten ist, damit es wirklich klappt, kannst du ihren Büchern entnehmen. Ich wünsche dir den gleichen Spaß dabei, den ich beim Lesen hatte.